Architekturführer Saarland

Herausgegeben
vom Bund Deutscher Architekten
Landesverband Saar

Verlag „Die Mitte"
Saarbrücken
1982

Herausgeber: Bund Deutscher Architekten
BDA, Landesverband Saar

Redaktion: Karl August Schleiden
Rudolf Birtel
Bernhard Focht
Günter Follmar
Peter Gergen
Rolf F. Kiefer
Norbert Köhl
Klaus Krüger

ISBN 3-921236-39-8

© by Verlag „Die Mitte" GmbH, Saarbrücken 1982

Druck: Krüger Druck + Verlag · Marktstraße 1 · 6638 Dillingen/Saar

VORWORT

Gedanken zu diesem Buche sind entstanden unter dem Eindruck heftiger Kritik der Öffentlichkeit an zeitgenössischer Architektur.

Im Bewußtsein seiner gesellschaftlichen Verpflichtung hat der Landesverband des BDA, der ein Verband freischaffender Architekten ist, beschlossen, auf die Notwendigkeit modernen Bauens hinzuweisen und mit der Herausgabe eines Architekturführers bemerkenswert viele, gute Beispiele der Architektur in unserem Lande erstmals vorzustellen.

Die Architekten wissen um die Bedeutung historischer Bauten und der damit verbundenen Denkmalpflege. Sie scheuen sich nicht, ihren Beitrag zur Baukultur mit dem der Vergangenheit zu messen. Mit dem neuen Bauen seit der Jahrhundertwende wird auch begleitend auf die wesentliche historische Architektur hingewiesen.

Jedes Bauwerk in diesem Buch ist Ausdruck seiner Entstehungszeit und beansprucht seinen Platz, wie alle Kunstwerke in anderen Bereichen auch.

Die Nachkriegsjahre mit ihren Schöpfungen zeigen eine gewisse Unsicherheit in der Orientierung auf den internationalen Stil. Französischer Einfluß konnte nicht Fuß fassen. Die saarländischen Architekten studierten an deutschen Universitäten und Technischen Hochschulen.

Nach der Wiederaufbauphase mußten sich die Architekten mit den neuen Aufgaben befassen, die aus dem Aufbau unserer Demokratie und einer neuen Gesellschaft erwachsen sind. Sie brachten eine Fülle neu zu lösender Probleme, z. B. Schulen, Kirchen, Krankenhäuser, Wohnbauten, Saar-Universität u. a. Kulturbauten.

Viele schöne Bauwerke in diesem Buch sind aus Wettbewerben hervorgegangen. Architektenwettbewerbe fördern die Qualität des Bauens. Es ist bedauerlich, daß diesem Auswahlverfahren zu wenig Bedeutung beigemessen wird.

Von großer Bedeutung für das Bauwerk ist der Partner des Architekten, der Bauherr. Für das Gelingen der Aufgabe muß er neben seinem Investitionseinsatz Verantwortungsgefühl für die gebaute Umwelt besitzen.

Bauherr und Architekt werden gemeinsam mit dem Architekturpreis der BDA ausgezeichnet, der erstmals 1969 vergeben wurde. Über die Vergabe befindet eine nationale Jury. Bereits 1973 konnte der Preis ein zweites Mal vergeben werden. Die ausgezeichneten Bauten sind in diesem Buch mit der Begründung der Jury aufgeführt.

Beiträge bildender Künstler sollten immer zu einem schönen Gebäude gehören. Die Künstler sind bei den Bauten, wo sie mitwirken konnten, aufgeführt.

Schönheit ist wieder gefragt. Sie erfreut die nachfolgenden Generationen.

Die Architekten haben Anspruch auf ihren verantwortlichen Platz in unserer Gesellschaft. Sie wollen nicht Planfertiger oder Entwurfsverfasser nach der Behördensprache sein, denn damit wird die massive Mittelmäßigkeit gefördert.

Verantwortlich für die gebaute Umwelt sind letztlich alle Bürger.

Doch jede Epoche braucht ihre Architekten und ihre Architektur.

Günter Follmar, 1. Landesvorsitzender

BESCHREIBENDER KATALOG

STADTVERBAND SAARBRÜCKEN

Landeshauptstadt Saarbrücken

1 Ev. Stiftskirche St. Arnual
Saarbrücken 6 – St. Arnual, Am Markt

Gehört nach Dehio zu den bedeutendsten Baudenkmälern des süd-
westdeutschen Raumes.
3-schiffige gotische Gewölbebasilika, schlichtes Äußeres und Inneres,
Chor und Querschiff 2. Hälfte 13. Jh. erbaut, Westturm 1315 begonnen,
Langhaus um 1320–30 erbaut, barocke Turmhaube 1746 von Friedrich
Joachim Stengel.

Im Innern bemerkenswerte Wandgräber und Tumben.
Chorfenster von György Lehoczky von 1952–57.

Literatur:
Dehio; Hootz; Zimmermann;
Peter Volkelt, Stiftskirche St. Arnual in Saarbrücken, Neuss 1978[3].
Saarlandbuch, S. 61–66

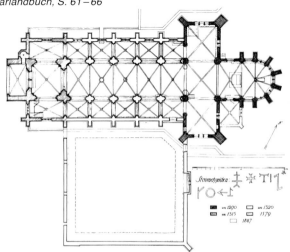

2 Evangelische Schloßkirche
Saarbrücken 1, Am Schloßberg

Asymmetrischer Bau aus Haupt- und südlichem Seitenschiff, erbaut Ende des 15. Jhts., schwere Beschädigungen der Deckengewölbe beim Stadtbrand von 1677. 1683—86 mit flacher Balkendecke versehen, 1944 Zerstörung bis auf Außenmauern und Turm.
Grabdenkmäler des Hauses Nassau-Saarbrücken im späten Barock.
Wiederaufbau 1956—58 mit Glasfenstern von Georg Meistermann.

Literatur:
Dehio; Zimmermann; Saarheimat 1958, Heft 2;
Saarlandbuch, S. 102 f.

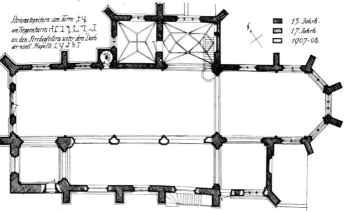

3 Deutschherrnkapelle
Saarbrücken 1, Am Deutschhausweg

Kleine Saalkirche mit gewölbtem einjochigem Chor. Begonnen um die Mitte des 13. Jahrhunderts, zu einer 1227 gegründeten Niederlassung des Deutschen Ordens gehörig. Turm neugotisch von 1868 anstelle eines Vorgängerbaus.

Literatur:
Dehio; Zimmermann; Saarheimat 1960, Heft 10/11, Saarlandbuch, S. 82

4 **Friedenskirche,**
Saarbrücken 1, Wilhelm-Heinrich-Straße

Baujahr: 1743–46, Turm 1760–61

Architekt: Friedrich Joachim Stengel

Zunächst reformierte Kirche, 1817 Umbau in ein Gymnasium durch Einziehen einer Zwischendecke, 1892 erwarb die altkatholische Gemeinde das Gebäude und baute es wieder zu einer Kirche um. Nach Zerstörung 1944 Rekonstruktion des Außenbaues nach der Urfassung Stengels 1961–66. Innenraum modern gestaltet.

Literatur: Zimmermann; Saarlandbuch, S. 142 f.

5 **Basilika St. Johann**
Saarbrücken 3, Kath. Kirchstraße

Von Fürst Wilhelm-Heinrich von Nassau-Saarbrücken durch den Architekten Friedrich Joachim Stengel von 1754 – 58 für die damalige katholische Minderheit erbaut. Saalbau mit Flachdecke und eingebautem Turm.
Die Renovierung wurde vorgenommen anhand einer Zeichnung, gefunden in den 60er Jahren im Archiv in Nancy.
Außerdem waren im Pfarrarchiv die Originalaufträge Stengels an einige Handwerker entdeckt worden.
Danach konnten die Stuck- und Malerarbeiten und die Glaserarbeiten im Sinne des Barockarchitekten ausgeführt werden.

Literatur: Dehio; Zimmermann; Saarlandbuch, S. 146 – 148

Ludwigskirche mit Ludwigsplatz, unten rechts die Friedenskirche, rechts Mitte das 1980 wiederaufgebaute frühere Haus des Stifts St. Arnual, heute „Palais Dr. Röder" genannt.

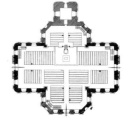

6 Evangelische Ludwigskirche
Saarbrücken 1, Am Ludwigsplatz

Nach Plänen von Friedrich Joachim Stengel von 1762–1775 erbaut als kombinierte Pfarr- und Hofkirche. Ausgehend von der Form der Breitsaalkirche ist durch Erweiterung der Quersaalseiten im Grundriß ein griechisches Kreuz entstanden. In der Ausgewogenheit von Außenbau und Innenraum ist hier in den Formen des rheinisch-fränkischen barockklassizistischen Stils einer der bedeutendsten Zentralbauten der protestantischen Kirchenbaukunst entstanden. Wiederaufbau Architekt Rudolf Krüger, Saarbrücken.

Die Kirche ist Mittelpunkt eines von ehemaligen Adelpalais umgebenen Architekturplatzes, dem u. a. als Vorbild die „Place Stanislas" zu Nancy gedient haben dürfte.

Literatur:
Dieter Heinz, Ludwigskirche zu Saarbrücken, Saarbrücken 1956, 1979[2]
J. A. Schmoll gen. Eisenwerth, Die Ludwigskirche von Friedrich Joachim Stengel, Saarbrücken 1963
Saarbrücker Hefte 1959, Heft 8
Robert H. Schubart, Ludwigsplatz und Ludwigskirche in Saarbrücken, 1762–1765–1775. Studie zu Idee und Gestalt, Saarbrücken 1966

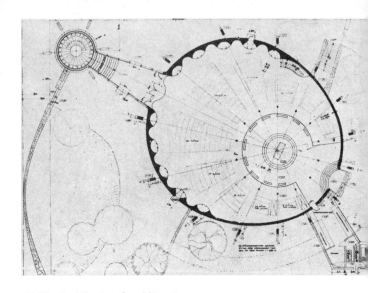

7 **Kath. Kirche St. Albert**
Saarbrücken-Rodenhof
Heinrich-Koehl-Straße-Obersteiner Straße

Bauherr: Kath. Pfarrgemeinde St. Albert

Baujahr: 1952–1954

Architekten: Dominikus und Gottfried Böhm, Köln

Der Grundriß der Kirche ist aus zwei ungleich großen Elliptoiden gebildet. Dach und Laterne über Altar werden von 14 Strebepfeilern getragen, die dem Gebäude die charakteristische Form geben.

Literatur: Saarheimat 1965, Heft 12

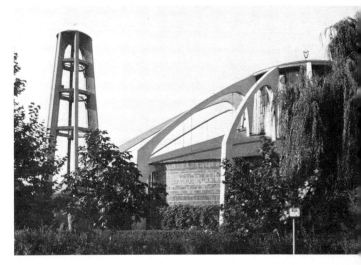

8 **Kath. Kirche St. Mauritius**
Saarbrücken, Moltkestraße 76

Bauherr: Kirchengemeinde St. Mauritius

Architekten: Albert Dietz
Bernhard Grothe, Saarbrücken

Baujahr: 1956

Fenster: Boris Kleint

9 Kath. Kirche Maria Königin
Saarbrücken, Kohlweg, Rotenbühl

Bauherr: Kath. Kirchengemeinde Liebfrauen

Baujahr: 1956−57

Architekt: Rudolf Schwarz, Köln

Literatur: Saarheimat 1966, Heft 1

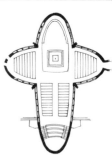

10 Evgl. Christuskirche
Saarbrücken, Rotenbühler Weg

Bauherr: Kirchengemeinde St. Johann

Baujahr: 1959

Architekt: Rudolf Krüger

Fenster: Harry Mac Lean, Heidelberg

Altar: Albert Schilling, Basel

11 Schloß, Altes Rathaus, Erbprinzenpalais

Schloß: Auf dem Bereich einer mittelalterlichen Burg wurde 1617 ein Renaissanceschloß errichtet. Abriß des alten Schlosses wegen Baufälligkeit und Neubau 1738−48 nach Plänen von Friedrich Joachim Stengel. Während der Franz. Revolution 1793 Plünderung und Zerstörung des Schlosses. 1810 Wiederaufbau durch Joh. Ad. Knipper. Nach grundsätzlicher Diskussion um Wiederaufbau nach Stengel oder Renovierung, Gutachterverfahren, Entscheidung für Renovierung und Mittelrisalit nach Gottfried Böhm.

Altes Rathaus: als Abschluß des Schloßplatzes von Friedrich Joachim Stengel 1748−50 erbaut. Nach Brand 1944 wiederhergestellt.

Erbprinzenpalais: 1760 von Friedrich Joachim Stengel erbaut. Eigentümer seit 1975 Stadtverband Saarbrücken. Renoviert 1981 durch Josef von Waldbott, Saarbrücken. Gartenanlage: Wolfgang Walter, Saarbrücken.

Literatur:
Dehio; Zimmermann; Saarheimat 1970, Heft 6, 1979, Heft 3−4, 11;
Saarlandbuch, S. 138−141

Aufriß, Hofseite, aus dem Bauantrag 1981

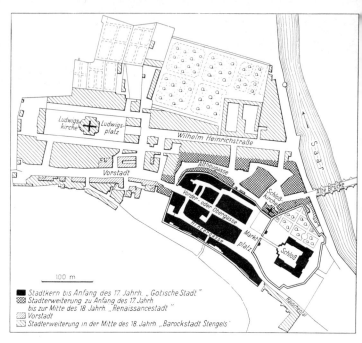

Stadtkern bis Anfang des 17. Jahrh. „Gotische Stadt"
Stadterweiterung zu Anfang des 17. Jahrh
bis zur Mitte des 18. Jahrh. „Renaissancestadt"
Vorstadt
Stadterweiterung in der Mitte des 18. Jahrh. „Barockstadt Stengels"

Die Schwesterstädte Saarbrücken und St. Johann durch den Flußlauf der Saar getrennt, in alter Zeit durch eine Furt, eine Fähre und vom 16. Jahrhundert an durch eine Brücke miteinander verbunden, haben siedlungsgeschichtlich und städtebaulich eine verschiedene Entwicklung genommen.

Saarbrücken hat als Siedlung den Ausgang von der Burg auf dem den Flußlauf überragenden Felsen genommen, dehnte sich ab dem 12. Jahrhundert nach Westen, im 16. Jahrhundert zur Saar hin aus, bis Generalbaudirektor Friedrich Joachim Stengel im 18. Jahrhundert eine großzügige Planung durchführte.

St. Johann hatte seinen Siedlungskern auf einer vor Hochwasser sicheren Flußterrasse. Bis zum 16. Jahrhundert erfuhr es seine lange bestehende Ausdehnung. Die Anlage der „unteren Vorstadt" durch Friedrich Joachim Stengel und der „oberen Vorstadt" durch seinen Sohn Balthasar Wilhelm sind der Ausgangspunkt für die Entwicklung im 19. Jahrhundert geworden. Stengel hat die architektonische Entwicklung beider Städte koordiniert und in großzügigen Perspektiven die Schloßbauten und Parkanlagen der Umgebung in die Stadtplanung einbezogen.

Literatur:
Dieter Heinz, Aus der Stadtplanung Friedrich Joachim Stengels, Saarheimat 1959, Heft 7–8
ders., Blickpunkte im barocken Saarbrücken, Saarbrücker Hefte 1961, Nr. 14.

Stadtplanung nach 1945

Nach den Zerstörungen des letzten Krieges, denen weite Teile der innerstädtischen Bebauung zum Opfer fielen, beauftragte die Stadtverwaltung den bekannten französischen Städtebauer Pingusson mit der Planung des Wiederaufbaus. Der nach ihm benannte Plan beinhaltete neben einer großzügigen Verkehrsführung die Errichtung von kühnen Hochbauten im Bereich des Saarufers und der Bruchwiesen. Infolge der Änderung der politischen Verhältnisse nach 1955 wurde die Planung nur in Ansätzen ausgeführt. Nach der planmäßigen Erschließung der Saarstädte durch Friedrich Joachim Stengel stellte der Pingusson-Plan den ersten städtebaulichen Gesamtentwurf für Saarbrücken dar.

12 Ministerium für Kultus, Bildung und Sport
Saarbrücken 1, Saaruferstraße 32

Bauherr: Regierung des Saarlandes

Baujahr: 1955

Architekten: Gustave H. Pingusson, Hans Bert Baur

Als Sitz der französischen Botschaft im autonomen Saarland vorgesehen. Bestandteil der Uferbebauung nach dem Pingusson-Plan.

13 **Haus der Gesundheit**
Saarbrücken, Saaruferstraße, an der Malstatter Brücke

Bauherr: Regierung des Saarlandes

Baujahr: 1956

Architekt: August Weber, Saarbrücken

Fassade wurde durch Sanierung in Proportionen und Formgebung verändert.

14 **Oberfinanzdirektion**
Saarbrücken, Präsident-Baltz-Straße

Bauherr: Oberfinanzdirektion und Hauptzollamt Saarbrücken

Baujahr: 1975–1978

Architekten: Tibor Kugelmann
 Gregor Alt, Saarbrücken

Kunst: Paul Schneider, Gero Koellmann

1. Preis im Wettbewerb

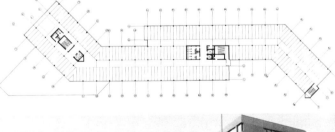

15 Haus der Saarwirtschaft und Seminargebäude
Saarbrücken, Hindenburgstraße 9

Bauherr: Industrie- und Handelskammer des Saarlandes

Baujahr: Haus der Saarwirtschaft 1960–1962
          Seminargebäude 1976–1977
Architekten: Tibor Kugelmann
              Gregor Alt, Saarbrücken

Kunst am Seminargebäude: Gero Koellmann, Saarbrücken

16 Büro- und Wirtschaftsgebäude
Saarbrücken, Clausewitzstraße

Bauherr: Regierung des Saarlandes

Baujahr: 1968

Planung und Bauleitung: Staatliches Hochbauamt (Schneider, Peitz)
Literatur: Die Bauverwaltung, 1968, Heft 11

17 **Staatstheater Saarbrücken** ▲
Saarbrücken 3, Schillerplatz 1

,,Geschenk des Führers und Reichskanzlers Adolf Hitler an die Saarbe-
völkerung, zur Erinnerung an den einzigartigen Abstimmungssieg am
13. Jan. 1935."

Baujahr: 1936–1938

Architekt: Paul Baumgarten, Berlin

Architektur im Stil der Führerbauten. Bühnenbau und Deckenkonstruk-
tion als Stahlskelett.
Die Bühnentechnik (Hauptbühne als Drehbühne mit 2 Seitenbühnen
und 1 Hinterbühne) galt lange als die modernste in Deutschland.

18 **Moderne Galerie des Saarland-Museums** ▶
Saarbrücken, Bismarckstraße 13–15

Bauherr: Der Kurator des Saarland-Museums

Baujahr: 1964–1979

Architekt: Hanns Schönecker, St. Ingbert

1. Preis im Wettbewerb 1964.

Architekturpreis der BDA 1969

Beurteilung der Jury:
Mit der Modernen Galerie ist ein Kristallisationspunkt für das kulturelle
Leben im Saarland geschaffen worden, der den Vergleich mit Gebäuden
ähnlicher Zweckbestimmung nicht zu scheuen braucht. Auf sehr einfa-
che Weise sind die funktionellen Erfordernisse, wie die Präsentation der
schönen Sammlung, die Möglichkeiten zu aktuellen Ausstellungen, die
Voraussetzungen für Vortrags- und Bildungsveranstaltungen, aber
auch die der wissenschaftlichen Arbeit – um nur einige zu nennen – zu-
sammengefaßt worden. Der Bau ist ausgezeichnet in die städtebaulichen Gegebenheiten der citynahen Saaruferlandschaft eingefügt.

Literatur: Saarheimat 1969, Heft 5

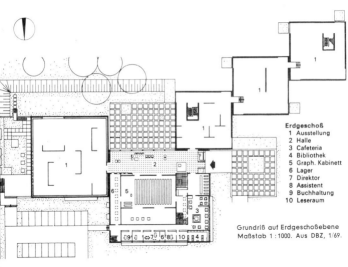

Erdgeschoß

1 Ausstellung
2 Halle
3 Cafeteria
4 Bibliothek
5 Graph. Kabinett
6 Lager
7 Direktor
8 Assistent
9 Buchhaltung
10 Leseraum

Grundriß auf Erdgeschoßebene
Maßstab 1 : 1000. Aus DBZ, 1/69.

23

19 **Kongresshalle**
Saarbrücken, Hafenstraße

Bauherr: Regierung des Saarlandes

Baujahr: 1967

Architekt: Dieter Oesterlen, Hannover

Kunst: Fritz Kühn, Berlin-Ost

1. Preis im Wettbewerb

„Die Bundesregierung hat beschlossen, zur Erinnerung an den heutigen Tag die Mittel für die Errichtung eines Hauses zur Verfügung zu stellen, das der Mittelpunkt aller kulturellen Bestrebungen Ihres Landes werden soll." Dr. Adenauer 1. 1. 1957. Tag der politischen Eingliederung in die Bundesrepublik.

1 Überdachte Vorfahrt	6 Bühne	Im Sockelgeschoß
2 Eingangs- und	7 Kleiner Saal	Großer Konferenzraum
Kassenhalle	8 Foyer kleiner Saal	Kleiner Konferenzraum
3 Garderobenfoyer	9 Zugang kleiner Saal	Foyer Konferenzräume
4 Foyer großer Saal	Konferenzräume und	
5 Parkett großer Saal	Restaurant	Im Obergeschoß
		Restaurant
		und Außenbalkon

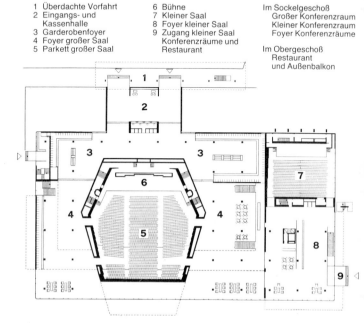

20 Konferenzgebäude auf dem Halberg
Saarbrücken, Halberg

Bauherr: Saarländischer Rundfunk

Baujahr: 1959–1969

Architekten: Eber–Jung, Baden-Baden,
　　　　　　　Schlier–Kugelmann–Alt, Saarbrücken

21 Saarlandhalle

Bauherr: Saarlandhalle GmbH

Baujahr: 1967

Architekten Altbau: Steinhauer und Geis

Umbau und Erweiterung mit Spielbank

Baujahr: 1979, 1981

Architekt Umbau und Erweiterung: Bernhard Focht, Saarbrücken

22 Schwarzenbergbad
Saarbrücken, Am Schwarzenberg

Bauherr: Saarland-Sport-Toto-GmbH

Baujahr: 1959

Architekten: Albert Dietz
Bernhard Grothe, Saarbrücken

Architekturpreis des BDA 1969

Beurteilung der Jury:
Diese Freibadanlage ist ein geglücktes Beispiel für die architektonische und landschaftsbezogene Gestaltung einer solchen Bauaufgabe. Besonders bemerkenswert ist die Ausstrahlungskraft, die von diesem Werk bereits zu einem frühen Zeitpunkt der deutschen Nachkriegsarchitektur auf die Lösung gleichartiger Aufgabenstellungen ausgegangen ist.

23 Afrikahaus im Zoologischen Garten ▶
Saarbrücken, am Eschberg

Bauherr: Landeshauptstadt Saarbrücken

Bauzeit: 1975–1977

Architekt: Rolf Heinz Lamour, Saarbrücken

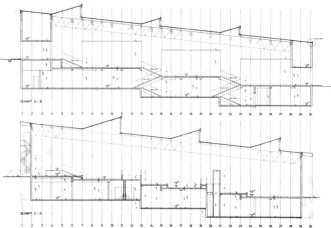

SCHNITT A – B

SCHNITT C – D

24 Rechts- und Wirtschaftswissenschaftliche Fakultät
Saarbrücken, Universität

Bauherr: Universität des Saarlandes

Baujahr: 1959–1964

Architekten: Rolf Heinz Lamour
          Albert Dietz
          Bernhard Grothe, Saarbrücken

25 Hörsaalgebäude der Biologischen Institute
Saarbrücken, Universität

Bauherr: Universität des Saarlandes

Baujahr: 1962

Architekten: Albert Dietz
Bernhard Grothe
Rolf Heinz Lamour, Saarbrücken

Wandgestaltung: Wolfram Huschens

Architekturpreis des BDA 1973

Beurteilung der Jury:
Der Bau hat durch fast ein Jahrzehnt hin seine Qualität bewahrt; er ist unaufdringlich und wirkt angenehm. Aufgrund der guten Proportionen fügt er sich gut in die Situation ein. Das Innere erhält eine besondere Note durch die – in der Abwicklung 40 m lange – Holzwand des Hörsaals, aus der Wolfram Huschens' Relief wächst.

◄

26 Hochschulinstitutsgebäude Physik II
Saarbrücken, Universität

Bauherr: Universität des Saarlandes

Baujahr: 1976–1978

Architekten: Günther Mönke
Hubert Wandel, Saarbrücken

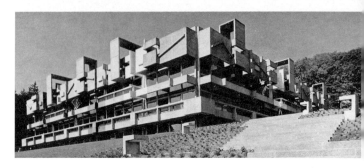

27 Studentenhaus (Mensa)
Saarbrücken, Universität

Bauherr: Universität des Saarlandes

Baujahr: 1970

Architekt: Walter Schrempf, Saarbrücken

Bau- und Raumplastik, Farbwege: Otto Herbert Hajek, Stuttgart

1. Preis im Wettbewerb 1964

Architekturpreis des BDA 1969

Beurteilung der Jury:
Mit der neuen Mensa ist für die Universität ein Zentrum von außergewöhnlicher Ausdruckskraft geschaffen worden, das über die vordergründige Zweckbestimmung hinaus in der Lage sein wird, vielfältige Kommunikationsbedürfnisse des studentischen Lebens zu erfüllen. Man darf sagen, daß dieser Bau durch die einmalige Interpretation von Architektur und Bildender Kunst weit über die Grenzen des Saarlandes hinaus Bedeutung gewinnen wird. Ganz besonders erwähnt werden muß der Mut des Öffentlichen Bauherrn zu diesem Wagnis.

Literatur: Technik am Bau, 1972, Heft 3

Obergeschoß

Schnitt CD

28 **Studentenwohnungen**
Saarbrücken, Waldhausweg 15–21

Bauherr: Studentenwerk der Universität des Saarlandes e.V.

Baujahr: 1976

Architekt: Walter Schrempf, Saarbrücken

29 **Studentenheim Cusanushaus**
Saarbrücken, Saaruferstraße

Bauherr: Kath. Studentenwerk e.V., Saarbrücken

Baujahr: 1965

Architekten: Albert Dietz
Bernhard Grothe, Saarbrücken
Rudolf Birtel, Neunkirchen

30 Staatliches Mädchen-Realgymnasium
Saarbrücken 3, Neugrabenweg

Bauherr: Landeshauptstadt Saarbrücken

Baujahr: 1961–1965

Architekten: Hans Krajewski
           Gerhard Freese, Saarbrücken

31 Wirtschaftswissenschaftliches Gymnasium
Saarbrücken 1, Vorstadtstraße 36

Bauherr: Regierung des Saarlandes

Baujahr: 1965

Architekt: Hans Ulrich, Saarbrücken

32 Willi-Graf-Gymnasium
Saarbrücken, Sachsenweg

Bauherr: Bischöfliches Generalvikariat, Trier

Baujahr: 1976–1977

Architekten: APR Bacherer – Eggert – Hoppe – Unold, Stuttgart

Bauleitung: Thomas Kluftinger, Saarbrücken-Schafbrücke

1. Preis im Wettbewerb 1973

Kunst: Gero Koellmann, Oswald Hiery

33 Ostschule
Saarbrücken, Ecke Halberg-/Hellwigstraße

Bauherr: Landeshauptstadt Saarbrücken

Baujahr: 1952

Architekt: Peter Paul Seeberger, Saarbrücken

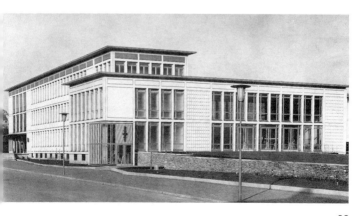

34 Integrierte Gesamtschule Rastbachtal
Saarbrücken 2, Weißenburger Straße

Bauherr: Landeshauptstadt Saarbrücken

Baujahr: 1976–1985

Architekt: Bernhard Focht, Saarbrücken

Kunst: Lukas Kramer, Saarbrücken
   Oswald Hiery, Wallerfangen

1. Preis im Wettbewerb 1973

35 Kindergarten St. Elisabeth
Saarbrücken, Hellwigstraße 15

Bauherr: Kath. Kirchengemeinde

Baujahr: 1967

Architekt: Rolf Heinz Lamour, Saarbrücken

36 Jugendherberge
Saarbrücken, Meerwiesertalweg 31

Bauherr: Deutsches Jugendherbergswerk Landesverband Saar e.V.

Baujahr: 1969—1970

Architekt: Hans Braun, Saarbrücken

37 Evgl. Gemeindezentrum Folsterhöhe
Saarbrücken, Hirtenwies 44

Bauherr: Kirchengemeinde Alt-Saarbrücken

Baujahr: 1974—1975

Architekten: Rudolf Krüger
Klaus Krüger
Lutz Rieger, Saarbrücken

38 **Landesbank Saar Girozentrale**
Saarbrücken, Ursulinenstraße

Bauherr: Landesbank Saar Girozentrale, Saarbrücken

Baujahr: 1954–1956

Architekten: Arbeitsgemeinschaft Willi Steinhauer und Jacques Quirin, Saarbrücken

39 **Verwaltungsgebäude**
Saarbrücken, Martin-Luther-Straße

Bauherr: Landesversicherungsanstalt für das Saarland

Baujahr: 1952

Architekten: Hans Bert Baur, Karl Kremer, Jacques Quirin, Saarbrücken

Kunst: Theo Siegle

40 **Bürogebäude**
Saarbrücken, Johannisstraße 2

Bauherr: Saarländische Investitionskreditbank AG

Baujahr: 1959

Architekten: Albert Dietz, Bernhard Grothe, Saarbrücken

41 **Geschäfts- und Lagerhaus**
Saarbrücken, Mainzer Straße 137

Bauherr: Saarland-Metzgereibedarf
Benedikt Strobel GmbH

Baujahr: 1971—1972

Architekt: Johann Peter Lüth, St. Ingbert

42 **Bürohaus Siemens**
Saarbrücken, Martin-Luther-Straße

Bauherr: Siemens AG

Architekt: Peter C. von Seidlein, München

Baujahr: 1963–1966

1. Preis im Wettbewerb 1962

Literatur:
Bauen und Wohnen, 22. Jahrgang, Januar 1967, Heft 1, S. 14–19

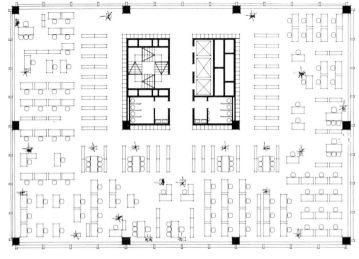

43 **Haus der Arbeiterwohlfahrt**
Saarbrücken 1, Hohenzollernstraße 45

Das im Bauhausstil 1930 fertiggestellte Gebäude wurde in den letzten
Jahren durch Umbauten verändert. Während der nationalsozialisti-
schen Zeit wurden Wandgestaltungen von Käthe Kollwitz entfernt.

Literatur: Saarkalender 1931, S. 128

44 **Gewerbeförderungsanstalt**
Saarbrücken, Hohenzollernstraße

Bauherr: Handwerkskammer des Saarlandes

Baujahr: 1973 – 1975

Architekten: Arbeitsgemeinschaft
           Tibor Kugelmann
           Gregor Alt
           Ernst Sarner, Saarbrücken

Kunst: Gero Koellmann, Saarbrücken

45 **Warenhaus Karstadt**
Saarbrücken, Bahnhofstraße

Bauherr: Karstadt AG, Essen

Baujahr: 1970–1971

Architekten: Rudolf Krüger
Klaus Krüger
Lutz Rieger
Walter Nobis, Saarbrücken
Bauabteilung der Karstadt AG

Wettbewerb

Architekturpreis des BDA 1973

Beurteilung der Jury:

Das Warenhaus schließt – aus der Sicht des Fußgängers auf angeneh-
me Weise – eng an die kleinteilige historische Baustruktur um den St.
Johanner Markt an. Daß der Maßstabbruch nicht mehr als unvermeidbar
ins Auge fällt, ist der Gestaltung der Fassaden zu verdanken, die sich
hier wie an anderen Stellen mit Fenstern zur Stadt hin öffnen. Eine wesentliche Rolle spielt auch die Abtreppung in vertikaler Richtung. Das
Gebäude ist zudem insgesamt durch die hochgelegte und deutlich ab-
gesetzte Garage so gegliedert, daß seine große Masse nicht in Erschei-
nung tritt. Diese Gliederung ist nicht nur plastisch wirksam, sondern wird
durch die Verwendung ganz unterschiedlicher Materialien unterstützt.
Der Bau zeugt von einer gerade bei großen Warenhäusern nur selten
anzutreffenden Verantwortung gegenüber dem Stadtganzen. Seine Architektur ist in jeder Hinsicht nobel.

46 **Möbelhaus Mann**
   Saarbrücken 2, Trierer Straße 40

Bauherr: Mannheimer Lebensversicherung AG

Baujahr: 1964

Architekt: Egon Eiermann, Karlsruhe

47 **Diskonto-Hochhaus**
   Saarbrücken, Bahnhofstraße

Bauherr: H. A. Schneppendahl, Saarbrücken

Baujahr: 1971–1973

Architekten: Rudolf Krüger
             Klaus Krüger
             Lutz Rieger
             Walter Nobis, Saarbrücken

48 Bundesautobahn-Rasthaus „Goldene Bremm"
Grenzübergang Saarbrücken

Bauherr: GFN Bonn

Baujahr: 1972

Architekt: Walter Schrempf, Saarbrücken

Raumplastik und Graphikwand: Lothar Messner
Keramikwand: Brigitte Schuller

Architekturpreis des BDA 1969

Beurteilung der Jury:
Mit der Auszeichnung dieses Gebäudes, das nicht typisch für eine derartige Aufgabenstellung ist, wird die gemeinsame Bemühung von Bauherr und Architekt um die Entwicklung und Gestaltung neuer Lösungen für diese Gebäudegattung gewürdigt. Der außergewöhnliche Formenreichtum spricht nicht nur für die Gestaltungskraft des Architekten; er muß auch als Stimulans für die Menschen gewertet werden, die einkehren, um Entspannung zu suchen.

50 **ETAP Kongreßhotel**
Saarbrücken, Hafenstraße 8

Bauherr: Bauherrengemeinschaft Kongreßhotel

Baujahr: 1978/80

Architekt: Günter Follmar

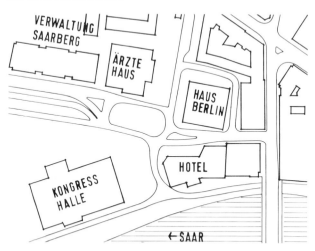

◀

49 **Feuerwehreinsatzzentrale**
Saarbrücken

Bauherr: Landeshauptstadt Saarbrücken

Baujahr: 1981

Architekten: Walter Schrempf, Bernhard Grothe, Saarbrücken

Jugendstilbauten

Von der Jahrhundertwende bis zum Ausbruch des 1. Weltkrieges wurde die rege Bautätigkeit im Geschäftszentrum wie in den Gartenvorstädten von St. Johann und Saarbrücken architektonisch bestimmt von den ansässigen Mitgliedern des gerade gegründeten Bundes Deutscher Architekten wie Heinrich Güth, Wilhelm Noll und Karl Brugger.

Literatur:
Edith Ruser, Jugendstilarchitektur in Saarbrücken I–V, in: Saarheimat, 1979, Heft 5, 7–8, 1980, Heft 3, 10, 1981, Heft 4.
dies., Jugendstil-Architektur im Saarland, Saarbrücken 1981.

51 **Villa Obenauer**
Saarbrücken 1,
Trillerweg 42

°1903°
BUND
DEUTSCHER
ARCHITEKTEN
B·D·A

HEINKER u. WITZSCHEL
Architekten
St. Johann-Saarbrücken

Bauherr: Kaufmann Gustav Obenauer

Baujahr: 1905–1906

Architekt: Peter Behrens, Düsseldorf

Strenger kubistischer Bau mit großer Ausgewogenheit in das Hanggelände eingebaut.
Innenraumgestaltung und Einrichtungsgegenstände nach Entwürfen von Peter Behrens, nur noch teilweise im Gebäude vorhanden.

Literatur: P. L. Nervi, Weltgeschichte der Architektur
Dieter Heinz in Saarheimat, 1965, Heft 7/8

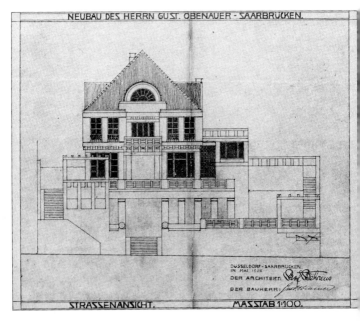

44

52 Wohnhaus mit Praxis Dr. Dahm
Saarbrücken 2, Lebacher Str. 165

Bauherr: Dr. Willi Dahm

Baujahr: 1932

Architekt: Richard Pfitzer, Saarbrücken

Erstes Haus am Ort in Stahlkonstruktion mit Hohlsteinen ausgefacht, kubisch gegliederter Bau mit Flachdach und Stahlfenstern.

Bauzeit 3 Monate (April–Juni 32)

53 Wohnhaus Architekt Weber
Saarbrücken, Guerickestraße

Bauherr: August Weber

Baujahr: 1954

Architekt: August Weber, Saarbrücken

Literatur: Bauen und Wohnen, 1954, Heft 6

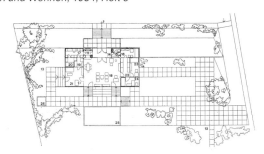

54 **Wohnhaus Architekt Strehl**
Saarbrücken, Weinbergweg 66

Bauherr: Ilse und Paul Strehl

Baujahr: 1971

Architekt: Paul Strehl

55 **Wohnhaus Dr. Wagner**
Saarbrücken, Nelkenstraße 15

Bauherr: Elke und Dr. Heinz Wagner

Baujahr: 1976

Architekt: Günter Follmar

56 Wohnhaus Heisler
Saarbrücken, Charlottenstraße 23

Bauherr: Kathrin und Gerhard Heisler, Saarbrücken

Baujahr: 1975

Architekt: Johann Peter Lüth, St. Ingbert

57 Terrassenhäuser
Saarbrücken, Trillerweg

Bauherr: Wohnbau GmbH, Bonn

Baujahr: 1965–1966

Architekten: Günther Mönke
Hubert Wandel, Saarbrücken

58 Wohnanlage „Der Grafenhof"
Saarbrücken, Am Grafenhof

Bauherren: Bauherrengemeinschaft „Der Grafenhof"

Baujahr: 1978/79

Architekt: Jost Büchner, Saarbrücken-Dudweiler

59 Sozialwohnungen
Saarbrücken 3, Gerberstraße

Bauherr: Saarbrücker gemeinnützige Siedlungsgesellschaft

Baujahr: 1981

Architekt: Bernhard Focht, Saarbrücken

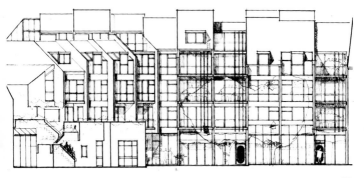

60 **Langwiedstift**
Saarbrücken, Bismarckstraße 23

Bauherr: Kath. Kirchengemeinde St. Johann

Baujahr: 1975 – 1981

Architekten: Arbeitsgemeinschaft Jürgen Pfeifer, St. Wendel,
Kurt Kühnen, Merzig,

1. Preis im Wettbewerb

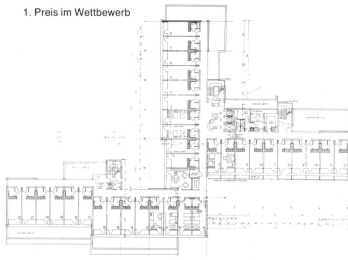

61 **Satellitenstadt Eschberg** ▶
Saarbrücken-Eschberg

Bauherr: Landeshauptstadt Saarbrücken

Baujahr: 1962

Planung: Baudezernat der Landeshauptstadt
Saarbrücken, Hans Krajewski

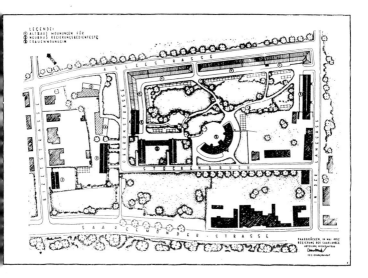

62 Wohnungen für Behördenbedienstete
Saarbrücken 6, Im Stockenbruch

Bauherr: Regierung des Saarlandes

Baujahr: 1951

Architekten: Hans Hirner
 Albert Dietz, Saarbrücken

Bestehend aus einem halbrunden Wohnturm, verschiedenen Wohntrakten und einem Frauenwohnheim mit asymmetrischem Grundriß.

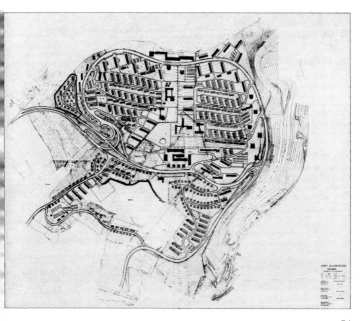

Stadtteil Bischmisheim

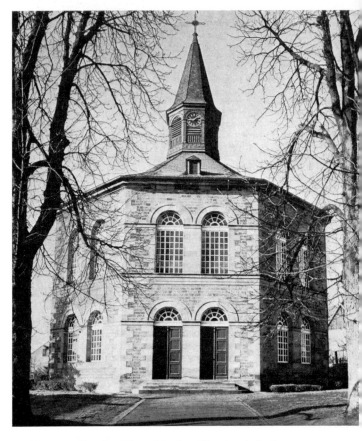

63 Evangelische Pfarrkirche Bischmisheim

Baujahr: 1823–1824

Architekt: Karl Friedrich Schinkel

Typ der evangelischen Predigtkirche als oktogonaler Zentralbau.

Literatur:
Martin Klewitz,
Die evangelische Pfarrkirche
zu Bischmisheim,
München 1969.

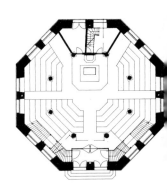

Stadtteil Brebach-Fechingen

64 Hallen- und Freibad

Bauherr: Gemeinde Brebach-Fechingen

Baujahr: 1971/1972

Architekten: Werner Krauser
Bernhard Kiwitter, Saarbrücken

65 Kaufmännisches Berufsbildungszentrum
Stadtteil Brebach-Fechingen, Kurt-Schumacher-Straße

Bauherr: Stadtverband Saarbrücken

Baujahr: 1981/1982

Architekt: Bernhard Focht, Saarbrücken

Kunst: Lukas Kramer, Saarbrücken
Leo Kornbrust, St. Wendel/München

1. Preis im Wettbewerb 1978

In unmittelbarer Nachbarschaft liegt das Gebäude des Arbeiter-Samariterbundes und die Polizeistation.

66 **Evangelische Heilig-Geist-Kirche**
Dudweiler-Süd, Martin-Luther-Straße 9

Bauherr: Evangelische Kirchengemeinde Dudweiler

Baujahr: 1964–1965

Architekt: Rudolf Krüger, Saarbrücken

Altar: Albert Schilling, Basel
Betonglasfenster: Ferdinand Selgrad, Spiesen-Elversberg

67 **Projekt Stadtmitte Dudweiler**

Bauherr: Landeshauptstadt Saarbrücken

Baujahr: 1981 begonnen

Architekt: Gottfried Böhm, Köln

Modellaufnahme von oben nach unten:
Bürgerhaus
Wohnbebauung
Kaufhaus

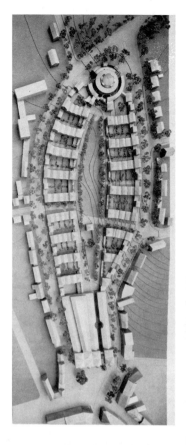

68 **Wohnhaus Rath** Dudweiler, Kalkofenstraße 31

Bauherr: Prof. Dr. Rainer Rath

Baujahr: 1975–1976

Architekt:
Wolfgang Ernst, Saarlouis

Kleinblittersdorf

69 Rathaus
Kleinblittersdorf, Rathausstraße 16

Baujahr: 1977

Bauherr: Gemeinde Kleinblittersdorf

Architekt: Josef von Waldbott, St. Ingbert

Erbaut um das Jahr 1760 von Pierre de Hausen, Bürgermeister in Kleinblittersdorf von 1800–1816. Wurde als landwirtschaftliches Gebäude mit Stallungen erbaut und war ursprünglich Landsitz des Erbauers.

70 Wohnheim für Behinderte
Kleinblittersdorf, Rexrothhöhe

Bauherr: Lebenshilfe Obere Saar eV.

Baujahr: 1975 – 1981

Architekten: Walther Göggelmann, Saarbrücken

Landschaftsgestaltung: Wolfgang Walter, Garten- und Landschaftsarchitekt AKS, Saarbrücken

1. Preis im Wettbewerb 1974

71 Evgl. Kirche Hanweiler
Ortsteil Hanweiler,
Saargemünder Straße

Bauherr: Kirchengemeinde Hanweiler

Baujahr: 1933 – 1934

Architekt: Rudolf Krüger, Saarbrücken

Frühes Beispiel alternativer Raumnutzung als Kirche und Gemeindehaus.

Stadt Sulzbach

72 Kindergarten
Sulzbach, Vopeliusstraße

Bauherr: Katholische Kirchengemeinde Allerheiligen, Sulzbach

Baujahr: 1972–1973

Architekten: Manfred Schaus
Manfred Binger, Sulzbach

73 Kindergarten
Sulzbach-Altenwald, Grubenstraße

Bauherr: Katholische Kirchengemeinde Herz-Jesu,
Sulzbach-Altenwald

Baujahr: 1973–1975

Architekten: Manfred Schaus
Manfred Binger, Sulzbach

74 Industriegebäude in Sulzbach-Neuweiler

Bauherr: UNIMA Maschinenbau GmbH, Sulzbach/Saar

Baujahr: 1972–1973

Architekt: Gerhard Freese, Saarbrücken

Weitere Industriebauten des Architekten am Ort: PEBRA, HERMETIC, HYDAC, CHEMIPHARM.

Literatur: Bauwelt 34, 1974

Hermetic

75 **Zweigstelle der Kreissparkasse Saarbrücken**
Sulzbach, Sulzbachtalstraße

Bauherr: Kreissparkasse Saarbrücken

Baujahr: 1974–1975

Architekten: Manfred Schaus Manfred Binger, Sulzbach

1. Preis im Wettbewerb 1970

76 **Wohnhaus Veit**
Sulzbach-Neuweiler, Martin-Luther-Straße

Bauherr: Marianne und Helmut Veit

Baujahr: 1970–1971

Architekt: Johann Peter Lüth, St. Ingbert

Mittelstadt Völklingen

77 **Altes Rathaus**
Völklingen,
Rathausstraße 2

Baujahre: 1875 – 1876, 1905 – 1907,
1975 – 1977

Architekten: U. a. Schmidt,
Schneider, Deesz,
Heinker und
Witzschel
Restauriert vom
Stadtbau- und
Planungsamt
Völklingen

78 **Neues Rathaus**
Völklingen, Marktstraße (Am Hindenburgplatz)

Bauherr: Mittelstadt Völklingen

Baujahr: 1965 – 1970

Architekt: Stadtbau- und Planungsamt, Baudirektor Kuhnen

Entwurf: Vorgehängte Fassade aus COR-TEN-Stahl
Großer Sitzungssaal: Harald Grund, Saarbrücken

79 **Berufsschulzentrum**
Völklingen, Am Volksgarten

Bauherr: Stadtverband Saarbrücken

Baujahr: 1969 – 1977

Architekt: Gerhard Schlegel, Darmstadt

1. Preis im Wettbewerb 1968

80 **Sporthalle**
Völklingen, Stadionstraße

Bauherr: Mittelstadt Völklingen

Baujahr: 1975

Architekt: Gerhard Schlegel, Darmstadt

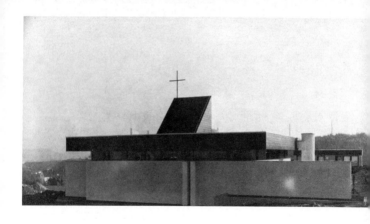

81 Evgl. Gemeindezentrum
Völklingen-Fürstenhausen, Am Hasseleich 17

Bauherr: Evangelische Auferstehungs-Kirchengemeinde
　　　　Völklingen-Fürstenhausen

Baujahr: 1973 – 1976

Architekten: Jürgen Pfeiffer, St. Wendel
　　　　　　Kurt Kühnen, Merzig

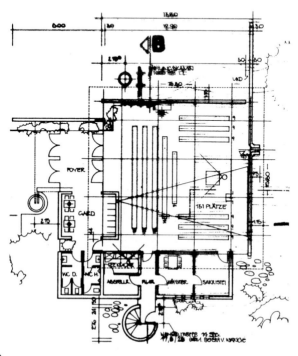

82 **Verwaltungsgebäude der Stadtwerke Völklingen**
Völklingen-Geislautern

Bauherr: Stadtwerke Völklingen

Baujahr: 1964–1966

Architekt: Karl Hanus, Saarlouis

Architekturpreis des BDA 1969

Beurteilung der Jury: „Die Zweckbestimmung der hier gestellten Aufgabe ist in der transparenten Klarheit des Gebäudes auf sinnfällige Weise zum Ausdruck gebracht. In der Wahl der Mittel und ihrer überzeugenden Fügung ist darüberhinaus ein gutes Beispiel baumeisterlichen Gestaltens gegeben worden, das in seiner disziplinierten Detaillierung Maßstäbe setzt."

83 **Bauleitplanung – Entwicklungsmaßnahme**
Völklingen „Sonnenhügel"

Baubeginn: 1978

Planung: Arbeitsgruppe Stadtplanung (AGSTA)
Willi Wiesen, Völklingen
Karl Hanus, Saarlouis
Hanns Schönecker, St. Ingbert

Wettbewerb 1970

Kreisstadt Saarlouis

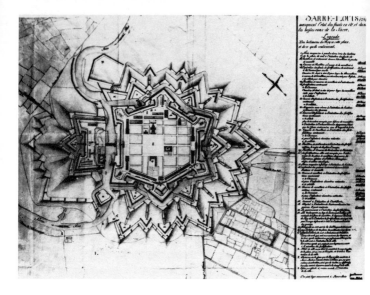

Nach dem Willen des französischen Königs Ludwig XIV. und nach den Plänen des Festungsbaumeisters Vauban entsteht das Musterbeispiel einer Festungsstadt, wie sie auf dem Reißbrett entworfen war. Nach der Übernahme durch Preußen 1815 erfolgt ein weiterer Ausbau, nach dem Sieg über Frankreich waren die Festungswerte geschleift, und die Stadt wuchs über die Wälle hinaus. Im Verlauf der Kriegshandlungen 1944/45 wurde der größte Teil der Innenstadt zerstört. Der Wiederaufbau in modernen Formen erfolgt in kongenialer Weise von 1948–1953. Architekt: Klaus Hoffmann, Saarlouis. Das repräsentativste Gebäude aus der französischen Zeit, die Kommandantur, wird von der Deutschen Bundespost stilgerecht restauriert.

Literatur:
Traudel Huber, Saarlouis, Beispiel einer barocken Festungsstadt, Saarbrücken 1980

84 Katholische Kirche „St. Ludwig"
Saarlouis, Großer Markt

Bauherr: Katholische Kirchengemeinde „St. Ludwig"

Baujahr: 1968–1970

Architekt: Gottfried Böhm, Köln

Bauleitung: Klaus Hoffmann, Saarlouis

Die Turmfassade in der neugotischen Fassung blieb erhalten.

1. Preis im Wettbewerb 1966

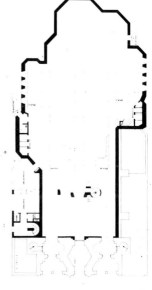

85 Arbeitsamt Saarlouis
Saarlouis, Ecke Ludwig-Eisenbahnstraße

Bauherr: Bundesanstalt für Arbeit in Nürnberg

Baujahr: 1970–1973

Architekt: Heinrich Gellenberg, Dillingen

86 Kreisverkehrsbetriebe Saarlouis
Saarlouis, Oberförstereistraße

Bauherr: Kreisverkehrsbetriebe Saarlouis

Baujahr: 1970–1972

Architekt: Konny Schmitz, Dillingen

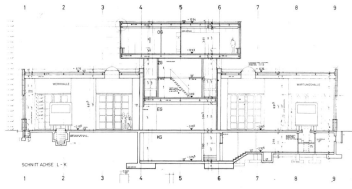

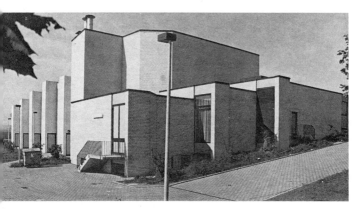

87 **Kulturhalle**
Saarlouis-Roden, Hochstraße, bei der
Römerbergschule

Bauherr: Kreisstadt Saarlouis

Baujahr: 1977

Architekt: Hermann Vanghel, Saarlouis

88 **Schul- und Sportzentrum**
Saarlouis, In den Fliesen

Bauherr: I. Bauabschnitt
Realschule –
Kreis Saarlouis
II. Bauabschnitt
Hauptschule,
Sporthalle –
Stadt Saarlouis

Baujahr: 1979

Architekten: Fritz Novotny
Arthur Mähner,
Offenbach

1. Preis im Wettbewerb 1976

89 Hallenbad Saarlouis
Saarlouis, Am Stadtgarten

Bauherr: Kreisstadt Saarlouis

Baujahr: 1967 – 69

Architekten: Walter Traub, Bietigheim-Bissingen
Leonid Prokopowitsch, Stuttgart-Feuerbach

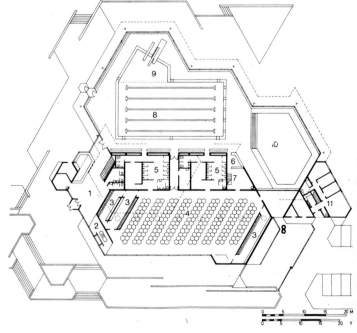

90 Kanuheim, Bootshaus
Saarlouis, In den Fliesen

Bauherr: Kreisstadt Saarlouis

Baujahr: 1979

Architekt: Wolfgang Ernst, Saarlouis

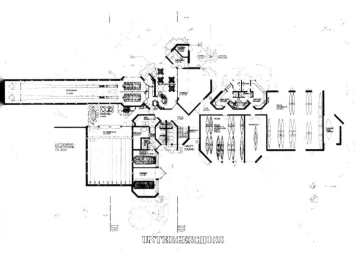

UNTERGESCHOSS

91 Evangelisches Gemeindezentrum
Saarlouis-Steinrausch, Konrad-Adenauer-Allee

Bauherr: Evangelische Kirchengemeinde Saarlouis

Baujahr: 1976

Architekt: Bernhard Focht, Saarbrücken

Kunst: Werner Bauer, Düppenweiler

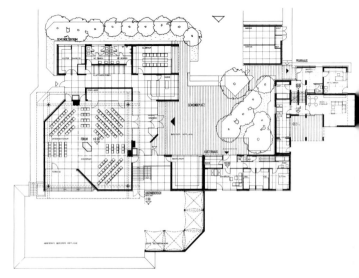

92 **Sparkassengebäude**
Saarlouis-Roden, Lindenstraße

Bauherr: Stadtsparkasse, Saarlouis

Baujahr: 1969

Architekt: Karl Hanus, Saarlouis

Architekturpreis des BDA 1973

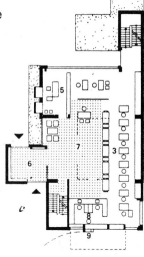

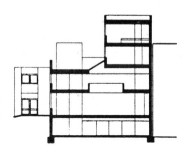

Beurteilung der Jury.

„Das Gebäude schließt auf einer Seite an die Altbebauung an, die anderen Fronten sind dem Straßen- und Platzraum zugewandt. In dieser exponierten Lage erfüllt der Sparkassenbau dank einer gut durchdachten Eingangslösung, vor allem aber aufgrund seiner – allerdings ganz unauffälligen – Transparenz im Erdgeschoß die Aufgabe eines halböffentlichen Gebäudes. Alle Bauteile ordnen sich dem Maßstab des Ortes unter und sind bis hin zu den Ausbaudetails sehr gut durchgearbeitet. Der ausgezeichneten Einfügung in den Stadtraum entspricht im Innern die räumliche Qualität der Schalterhalle und der anschließenden Funktionsräume. Hervorzuheben ist die Verwendung nur weniger Materialien und Farben."

93 Bankgebäude der Volksbank Saar-West
Saarlouis, Kleiner Markt

Bauherr: Treuco Immobilien-Vermittlung und Vermögensverwaltung
      GmbH, Saarlouis

Baujahr: 1977

Architekten: Wolfgang Ernst, Saarlouis-Beaumarais
      Wolfram Grundhoff, Saarbrücken

Beschreibung: Der Neubau integriert die historische
      Sandsteinfassade.

Kunst: Boro, Jugoslawien

94 Verwaltungsgebäude
Saarlouis,
Industriegelände
„Röderberg"

Bauherr: DSD Dillinger Stahlbau
GmbH, Saarlouis

Baujahr: 1971

Architekt: Karl Hanus, Saarlouis

95 **Kaufhaus Prisunic**
Saarlouis, Kleiner Markt

Bauherr: ASKO AG, Saarbrücken

Baujahr: 1972

Architekt: Karl Hanus, Saarlouis

96 **Verwaltungsgebäude**
Saarlouis, Industriegelände

Bauherr: Maschinenfabrik Hoestemberghe & Klütsch GmbH, Saarlouis

Baujahr: 1975

Architekt: Hans Porn, Saarlouis

97 Städtisches Altenheim
Saarlouis, Prälat-Subtil-Ring 3 a

Bauherr: Kreisstadt Saarlouis

Baujahr: 1967 – 1970

Architekt: Hans Porn, Saarlouis

Architekturpreis des BDA 1973

Beurteilung der Jury:

„Nicht draußen vor der Stadt, sondern mitten in ihr, unweit vom Zentrum, ist hier ein den Bedürfnissen alter Menschen angemessener Lebensrahmen geschaffen. Er zeichnet sich nicht nur durch schöne Freiräume in der umgebenden Bebauung aus, sondern vor allem auch durch die geschickte Einbeziehung zweier historischer Bauten, die auf diese Weise neu genutzt und belebt werden. Das Heim, der vorgelagerte eingeschossige Trakt mit den Altenwohnungen und die Häuser für Personal und Leiter sind in keiner Weise auffällig, sondern eher zurückhaltend und vergleichsweise karg gestaltet; bei großer Sorgfalt im Detail. Der Garten liegt windgeschützt zwischen den einzelnen Bauten und ist von den Heimbewohnern wirklich zu nutzen; vor allem dank der Erhaltung des schönen Baumbestandes, von dem auch der anschließende Kindergarten profitiert."

98 Wohnpark Souty-Hof　　　　　　　►
Saarlouis-Picard, Metzer Straße

Bauherr: Richard A. Leinen GmbH & Co. KG

Baujahr: 1973

Architekt: Bernhard Focht, Saarbrücken

99 Wohn- und Geschäftshaus „Rollar's Eck"
Saarlouis, Ecke Zeughaus- und Kavallerie-Straße

Bauherr: Dr. Ing. Karl Hanus, Saarlouis

Baujahr: 1970

Architekt: Karl Hanus, Saarlouis

Stadt Dillingen

100 **Altes Schloß Dillingen**
in der Nähe der Werksanlagen der Dillinger Hütte

Erbaut um 1340 von Arnold von Siersberg. Nach Zerstörung während des 30jährigen Krieges, Wiedererstellung des Südostflügels 1789 – 1791 durch Balthasar Wilhelm Stengel.

Nach erneuter Kriegszerstörung Wiederaufbau ab 1957 bei gleichzeitiger Freilegung alter Fundamente der ehemaligen Wasserburg.

101 **Evgl. Kirche Dillingen**

Bauherr: Evangelische
       Kirchengemeinde Dillingen

Baujahr: 1968 – 1969

Architekten: Günter Mönke
       Hubert Wandel, Saarbrücken

102 **Rathaus Dillingen**
Dillingen, Merziger Straße

Bauherr: Stadt Dillingen

Baujahr: 1973–1978

Architekt: Kurt Faber, Dillingen

1. Preis im Wettbewerb 1970

Außenanlage: Bildhauer Eberhard Koch, Beckingen

103 **Brunnenanlage-Fußgängerzone**
Dillingen, Stummstraße-Odilienplatz

Bauherr: Stadt Dillingen

Baujahr: 1975–1976

Architekt: Peter Gergen, Dillingen

104 **Wohnstadt Dillingen-Nord** (Pachtener Heide)

Bauherr: Stadt Dillingen

Architekt: Günter Follmar

1. Preis Wettbewerb 1964

BDA-Preis 1969

Beurteilung der Jury:
Bei diesem in einem öffentlichen Architektenwettbewerb mit dem 1. Preis ausgezeichneten Projekt sieht die Jury den Ansatz für eine städtebauliche Entwicklung, die das noch ausstehende Zusammenwirken von Bauherrn und Architekt zu einem auf die Verhältnisse bezogenen guten Beispiel werden lassen kann.

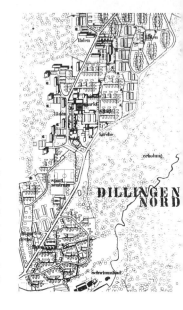

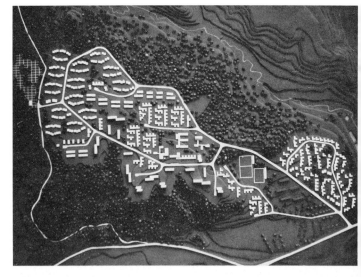

05 **Wohnanlage Dr. Pabst-Haasper**
Dillingen, Am Fischerberg 48

Bauherr: Dr. Werner Pabst

Baujahr: 1975–1976

Architekt: Karl Hanus, Saarlouis

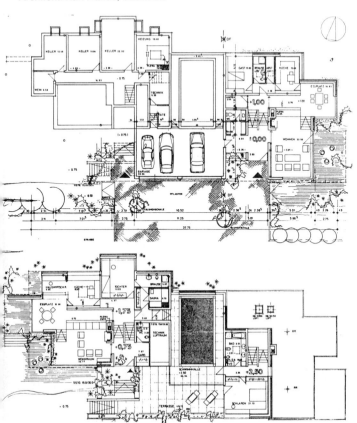

106 Fünf Gartenhofhäuser ▶
Dillingen, Dürener Straße

Bauherren: Paul Bourgeois, Berthold Breidt, Günter Hart,
        Wolfgang Maass, Dietmar Matheis

Baujahr: 1970–1971

Architekten: Berthold Breidt
        Wolfgang Maass, Dillingen

Architekturpreis des BDA 1973

Beurteilung der Jury:

Mit einfachen Mitteln – einer Holzkonstruktion mit Mauerwerksausfachung – ist hier eine Reihenhauszeile verwirklicht, die sich wohltuend von den üblichen Wohnbauvorhaben ähnlicher Art abhebt. Der Haustyp ist ein Beispiel dafür, wie ohne überhöhten Kostenaufwand ein mustergültiger Wohnungsbau praktiziert werden kann; und zwar auch dann, wenn er mit öffentlichen Mitteln gefördert wird. Durch vernünftige Nutzung des gar nicht großen Grundstücks hat jedes der Häuser einen vom Nachbarn nicht einzusehenden, von der Straße abgewandten Außenraum, zu dem sich die Hauptwohnräume öffnen. Besonders angenehm wirkt die zusätzliche Belichtung der Räume durch hochliegende Fensterbänder.
Sämtliche bauliche Details sind mit äußerster Sorgfalt behandelt.

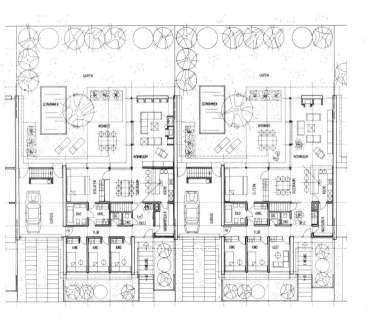

07 **Wohnhaus Marthaler**
Dillingen, Am Fischerberg

Bauherr: Notar Wolfgang Marthaler, Dillingen

Baujahr: 1973

Architekt: Peter Gergen, Dillingen

Stadtteil Diefflen

108 Sparkassenfiliale
Dillingen-Diefflen

Bauherr: Kreissparkasse Saarlouis

Baujahr: 1979

Architekt: Peter Gergen, Dillingen

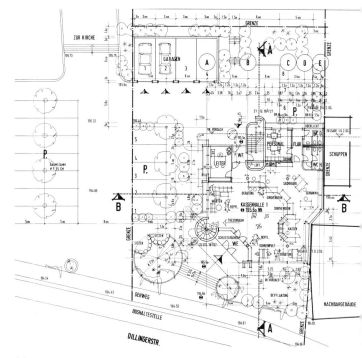

Rehlingen

109 Pfarrzentrum St. Nikolaus

Rehlingen, Beckinger Straße

Bauherr: Katholische Kirchengemeinde Rehlingen

Baujahr: 1972–1976

Architekten: Gerhard Auer
             Heinrich Frotscher, Darmstadt

1. Preis im Wettbewerb 1969

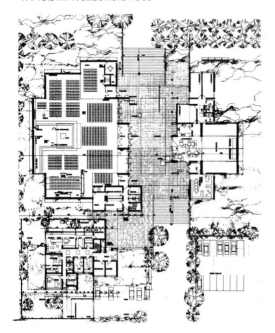

Schwalbach

110 Friedhofshalle Schwalbach

Bauherr: Gemeinde Schwalbach

Baujahr: 1973 – 1975

Architekt: Alban Fuchs, Schwalbach

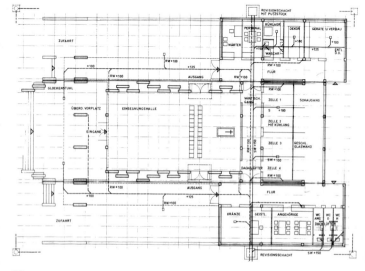

Überherrn

111 Kirche St. Monika
Überherrn Wohnstadt

Bauherr: Katholische Kirchengemeinde St. Monika, Überherrn

Baujahr: 1980/81

Architekt: Alois Peitz, Trier

Künstler: Inge Andler-Laurenz, Völklingen
          Eingangstür, Kreuz, Leuchter
          Theo Heiermann, Sürth/Köln
          Altar, Ambo, Wandbilder
          Bodo Schramm, Köln
          Fenster der Sakramentskapelle

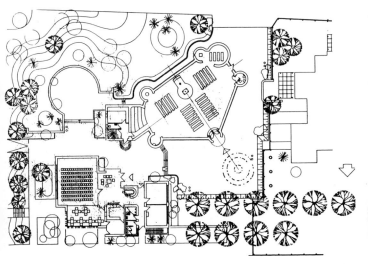

112 **Kulturhaus**
Überherrn, Baroniestraße

Bauherr: Gemeinde Überherrn

Baujahr: 1969

Architekt: Karl Hanus, Saarlouis

Kunst: Dorothee Zech, Heusweiler
Leo Kornbrust, St. Wendel

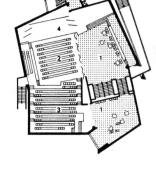

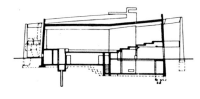

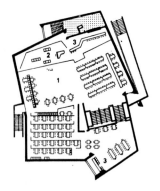

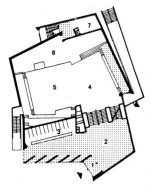

13 Wohnstadt Überherrn

Bauherr: a) Heimstätte Saarland GmbH, Saarbrücken
b) Allgemeine Baugenossenschaft Völklingen 1904
eGmbH, Völklingen

Baujahr: 1961–1965

Architekten: G. G. Dittrich, Nürnberg
Karl Hanus, Saarlouis
Hanns Schönecker, St. Ingbert

Gartenarchitekt: Wolfgang Walter, Saarbrücken

Wohnstadt Überherrn mit 446 Häusern in ein- und zweigeschossiger Bebauung.

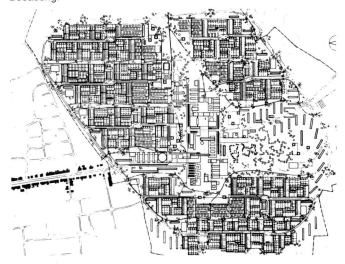

Ortsteil Berus

114 Renovierung des Burgtores und des Torhauses „Scharfeneck" in Berus

Bauherr: Gemeinde Berus

Baujahr: 1966−1967

Architekt: Karl Hanus, Saarlouis

Burgtor und Torhaus „Scharfeneck" sind Reste der im Jahre 1590 er
richteten Schloßanlage der früheren Bergstadt.
Die Restaurierung der historisch beachtlichen Bausubstanz wurde
1966−1967 in enger Verbindung mit dem Landeskonservator Dr. Martin
Klewitz durchgeführt.

115 Klinik Berus −
Urologische und anästhesiologische Abteilung
Berus, Orannastraße

Bauherr: Saargau-Sanatorium Berus GmbH. & Co. KG

Baujahr: 1974−1975

Architekt: Konny Schmitz, Dillingen

Spezial-Krankenhaus mit 120 Betten.

Ortsteil Felsberg

16 Senderanlage Europa 1
Gemarkung Sauberg

Bauherr: Saarländische Fernseh-Aktiengesellschaft, Saarbrücken

Baujahr: 1953

Architekt: Guédy, Paris

Wallerfangen

117 **Wohnhaus Krause**
Wallerfangen-St. Barbara, Neubaugebiet „Blauwald"

Bauherr: Jürgen Krause, Wallerfangen-St. Barbara

Baujahr: 1973

Architekt: Wolfgang Ernst, Saarlouis

Architekturpreis des BDA 1974

Beurteilung der Jury:

„In diesem Haus ist das Leben der Bewohner in vielfältiger Weise auf die
Landschaft bezogen. Sie können auf verschiedenen Ebenen direkt ins
Freie treten und haben vom eigentlichen Wohnbereich einen weiter
Blick ins Land. In diesem Bereich ergeben sich auch im Innern immer
wieder reizvolle Perspektiven und überraschende räumliche Zusam-
menhänge. Dem Bau liegt ein konstruktiver Raster zugrunde; er hat je-
doch nirgendwo zu Zwängen geführt, sondern im Gegenteil zu lebendi-
gen, erfrischenden, unkonventionellen Lösungen. Das gilt auch für die
in sich abgeschlossenen Räume des Hauses, die jeder eine besondere
Qualität, etwa der Belichtung, aufweisen. Die sehr bescheidenen kon-
struktiven und materiellen Mittel sind ausschließlich für eine Befreiung
des Wohnens von starren Bindungen eingesetzt, was auch und vor allem den Kindern des Bauherrn zugute kommt."

Literatur: Bauwelt Heft 9, 4. März 1974

Kreisstadt Merzig

118 Pfarrkirche St. Peter

Die ehemalige Prämonstratenser-Stiftskirche stammt aus dem Beginn
des 13. Jahrhunderts. Einziges Beispiel vollständig erhaltener romanischer Kirchenbaukunst im Saarland. Nach verschiedenen baulichen
Veränderungen im 19. Jahrhundert für ca. 10 Jahren im Sinne einer stili-
stischen Bereinigung restauriert.

Literatur: Dehio; Martin Klewitz, St. Peter in Merzig, Neuss 1972

119 Pfarrkirche St. Josef
Merzig, An der Josephskirche

Bauherr: Kath. Kirchengemeinde Merzig

Baujahr: 1959

Architekt: Hermann Baur, Basel

Literatur: Saarheimat, 1965, Heft 12

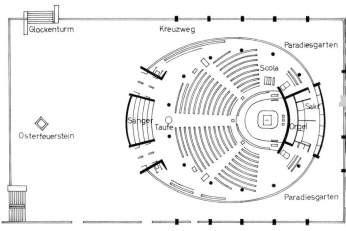

120 Friedhofshalle Merzig
Merzig, Waldstraße

Bauherr: Kreisstadt Merzig

Baujahr: 1979 – 81

Architekt: Rolf F. Kiefer, Merzig

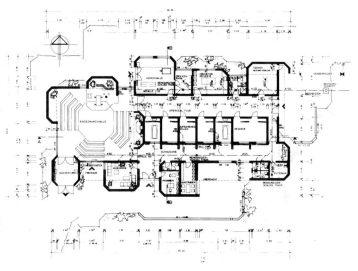

121 Landratsamt
Merzig, Schankstraße

Bauherr: Landkreis Merzig-Wadern

Baujahr: 1964 – 1966

Architekt: Konny Schmitz, Dillingen

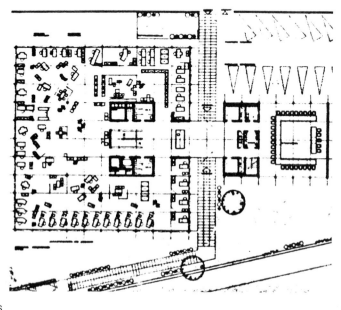

Technische Dienststellen, Feuerwehrzentrale und Stadtwerke
Merzig, Zum Bahnhof – Am Gaswerk

Bauherr: Kreisstadt und Stadtwerke Merzig

Baujahr: 1977/78 und 1980/81

Architekt: Norbert Köhl, St. Ingbert

1. Preis im Wettbewerb

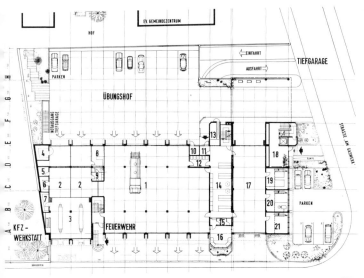

123 Stadthaus

Dieser Spätrenaissancenbau wurde ursprünglich als Jagdschloß für den Kurfürsten Friedrich Philipp von Soetern 1647–49 errichtet und dient heute als Rathaus.

Literatur: Dehio

124 Geschäfts-, Verwaltungs- und Bürogebäude ▲
Merzig, Beim Stadthaus

Bauherrn: Kreisstadt Merzig und Bauherrngemeinschaft

Baubeginn: Frühjahr 1982

Architekt: Kurt Kühnen, Merzig

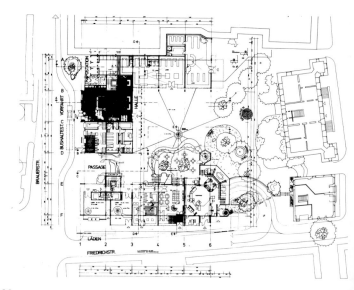

125 Verwaltungsgebäude der Saarfürst-Brauerei

Das ehemalige Staadt-Marx-sche Bürgerhaus ist ein Werk des sächsischen Baumeisters Christian Kretzschmar, um 1740 erbaut. Das Gebäude wurde 1968 sehr sorgfältig restauriert.

Literatur:
Dehio, Saarheimat 1968, Heft 5

126 Wohnsiedlung für Bundeswehrangehörige
Merzig, Am Reisberg

Bauherr: Wohnbau GmbH, Bonn

Baujahr: 1968–1970

Architekten: Günter Mönke
                 Hubert Wandel, Saarbrücken

Stadtteil Mechern

127 Katholische Kirche Mechern
Merzig, Stadtteil Mechern

Bauherr: Katholische Pfarrgemeinde Hilbringen,

Baujahr: 1971 – 1972

Architekt: Hanns Schönecker, St. Ingbert

Anbau an einen vorhandenen gotischen Turm mit gotischem Chor. Unter den Fundamenten Funde römischer Mauern und Fresken (Museum für Frühgeschichte Saarbrücken).

Fenster: Ferdinand Selgrad, Spiesen-Elversberg

Literatur: Saarheimat 1970, Heft 5

Stadtteil Merchingen

28 **Kirche St. Agatha**
Merzig-Merchingen

Bauherr: Kath. Kirchengemeinde Merchingen

Baujahr: 1930

Architekt: Clemens Holzmeister, Wien

Literatur: Neue Saarheimat 1981, Heft 9, S. 236–238

Mettlach

Von der um 695 von dem Heiligen Liutwin gegründeten Benediktinerabtei sind nur noch der „Alte Turm", entstanden um das Jahr 1000, und das von der Mitte bis zum Ende des 18. Jahrhunderts nach Plänen des aus Sachsen stammenden Christian Kretzschmar errichtet wurde, übriggeblieben. Der „Alte Turm", ein oktogonaler Zentralbau, als Grabkirche für den Heiligen Liutwin vorgesehen, verdankt seine Erhaltung Karl Friedrich Schinkel. Die geplante Klosterkirche wurde infolge des Ausbruchs der Französischen Revolution und der hierdurch erfolgten Auflösung der Abtei nicht mehr ausgeführt. Gleichwohl wurde die romanische Kirche St. Peter 1819 abgerissen, nachdem der Klosterkomplex in eine keramische Fabrik umgewandelt worden war, das heutige Weltunternehmen Villeroy & Boch.

Literatur:
Dehio; Martin Klewitz, Mettlach. Ehemalige Benediktinerabtei, München 1977[3]

129 Evangelische Kirche
Mettlach, Saareckstraße

Bauherr: Evangelische Kirchengemeinde Mettlach

Baujahr: 1963–1965

Architekten: Günter Mönke
             Hubert Wandel, Saarbrücken

Glaswände: Ferdinand Selgrad,
             Spiesen-Elversberg

Literatur: Saarheimat 1966, Heft 1

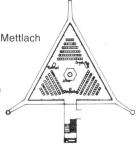

130 Volksbank Mettlach
Mettlach, Freiherr vom Stein-Straße 11

Bauherr: Volksbank Mettlach e. G.

Baujahr: 1975–1976

Architekt: Rolf F. Kiefer, Merzig

Losheim
Ortsteil Waldhölzbach

131 Katholische Pfarrkirche Waldhölzbach
Losheim, Ortsteil Waldhölzbach

Bauherr: Katholische Pfarrgemeinde Losheim-Waldhölzbach

Baujahr: 1963–1964

Architekt: Hanns Schönecker, St. Ingbert

Fenster: Ferdinand Selgrad, Spiesen-Elversberg

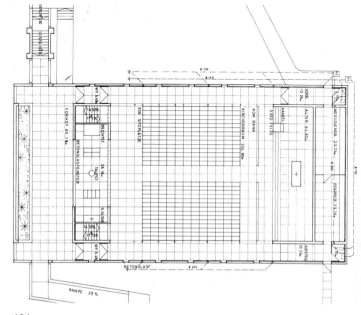

Stadt Wadern

Wadern, einst Hauptort der Herrschaft Dagstuhl, erhielt im ausgehenden 18. Jahrhundert die Bedeutung einer kleinen Residenz, als die Herrschaft durch Erbschaft an eine Nebenlinie des fränkischen Fürstenhauses Öttingen gelangte. 1759 wurde für die Gräfin Christine ein Lustschlößchen erbaut, das später als Apotheke diente und heute von der Gemeinde vor dem Verfall bewahrt und als Heimatmuseum eingerichtet wurde.

Literatur: Saarheimat 1977, Heft 1

Ortsteil Dagstuhl

Ursprung des Ortes ist die nur noch als Ruine erhaltene mittelalterliche Burg. Das neuere Schloß wurde 1761/62 von dem Grafen Josef Anton von Öttingen zusammen mit der Schloßkapelle erbaut. Unter den späteren Schloßherren, den Baronen von Lassalle de Louisenthal, erfolgten Anbauten in neugotischem Stil.

Literatur: Saarheimat 1959, Heft 5

Beckingen

132 Mehrzweckhalle Beckingen

Bauherr: Gemeinde Beckingen

Baujahr: 1978 – 1980

Architekten: Bernhard Grothe
Helmut Kreutzer, Saarbrücken

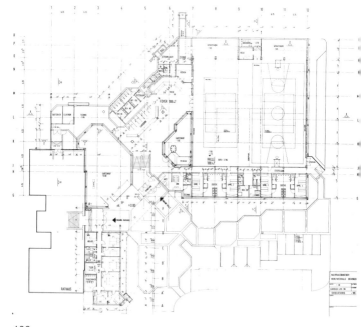

SAAR-PFALZ-KREIS

Kreisstadt Homburg

Altstadt mit dem Charakter einer ehemaligen Festungsstadt aus dem 18. Jahrhundert

Evangelische Pfarrkirche – neugotisches Bauwerk von 1874, der alte Turm von ca. 1780, unverändert erhalten.

Auf dem Schloßberg Ruinen der Festung. Schloß Karlsberg ehemals größte Schloßanlage Europas

Literatur:
Saarheimat 1978, Heft 6 – 7, 1981, Heft 4

133 **Pfarrkirche St. Fronleichnam**
Homburg, Ringstraße 50

Bauherr: Kath. Kirchengemeinde Homburg

Baujahr: 1962 – 64

Architekt: Herbert Lück, Homburg

Literatur:
Saarheimat, 1966, Heft 1

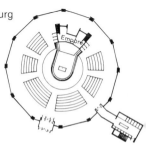

134 **Verwaltungszentrum – Forum Homburg –**

Bauherr: Stadt Homburg und Saar-Pfalz-Kreis

Baubeginn: 1978

Architekten: Arbeitsgemeinschaft
            Keller, Süssen
            Günter Mönke,
            Hubert Wandel, Saarbrücken

Wettbewerb 1976

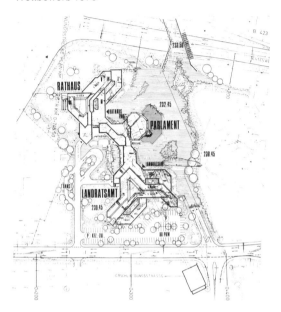

135 **Anatomisches Institut der Universität**

Bauherr: Regierung des Saarlandes

Baujahr: 1965 – 1967

Architekten: Konny Schmitz, Dillingen
            Walter Schrempf, Saarbrücken

Stadtteil Jägersburg

136 Gustavsburg

Ursprünglich Wasserburg, zweigeschossiger Bau mit Mansarddach von ca. 1720 auf Grundmauern des 16. Jh.
Freistehende Ruine der Schloßkapelle um 1720, als gestreckter achteckiger Zentralbau.

Stadtteil Schwarzenacker

137 Römerstadt

Ausgrabungen seit 1954 einer stadtähnlichen Anlage von der Bronzezeit bis in die römische Zeit, im späten 3. Jahrhundert von Germanen zerstört.
Rekonstruktion mit Freilichtmuseum (Römerhaus).

Literatur: Alfons Kolling, Funde aus der Römerstadt, Schwarzenacker, Homburg 1971

Stadtteil Wörschweiler

138 Klosterruine

Ehemalige Zisterzienserabtei, um 1131 gegründet, 1170 Neubau der Kirche, Weiterbau bis gegen 1235, 1614 Zerstörung durch Brand, seitdem Ruine.
Freilegungsarbeiten 1872–1880 und 1954–1957.

Literatur: Saarbrücker Hefte 1955, 1

Gersheim
Ortsteil Reinheim

139 Kirche aus dem 12./13. Jahrhundert

Kirchenschiff nach Peter Reheis 1790–1791 erbaut, Wiederaufbau nach Kriegszerstörung im Jahre 1946–1960 bzw. 1953–1956.

Literatur: Saarheimat 1969, Heft 11

Ortsteil Walsheim

140 Brauerei

Beispielhafter Industriebau

Baujahr: 1925–1929

Architekt: Zollinger

Das nach der Schule des Bauhauses konzipierte Gebäude wurde während der Fertigstellung dieses Buches auf Betreiben der Gemeinde abgebrochen.

Stadt Blieskastel

141 Paradeplatz

Rathaus (früher gräfliches Oberamtshaus, Waisenhaus, Markthalle und Kaserne) 1774–1775, vermutlich vom Zweibrücker Baumeister Christian-Ludwig Hautt erbaut.

Nach Kriegszerstörung Restaurierung 1814, 1924 und 1950–1955.

142 Orangerie

Erhaltener Rest der Schloßanlage. Nach 1660 erbaut, 1928 restauriert.

Stilgerechte Erneuerung und Verwendung unter Einbeziehung in die Gartenanlagen geplant.

143 Stadtkirche „St. Sebastian"

Ehemalige Franziskaner- und Schloßkirche, 1776–1781 von Peter Reheis erbaut.

1793 beschädigt und profaniert, 1803–1809 und nach schweren Kriegsbeschädigungen 1955–1958 restauriert.

Literatur: Dehio; Neue Saarheimat 1981, Heft 10

Stadtteil Böckweiler

144 **Evangelische Kirche**

Dorfkirche aus frühromanischer Zeit, Rest einer großen Klosteranlage.
Turm mit drei Konchen aus der Mitte des 12. Jahrhunderts, im 2. Weltkrieg stark zerstört.
Wiederaufbau und Erweiterung 1949–1950 durch Rudolf Krüger, Saarbrücken

Stadtteil Niederwürzbach

145 **Monplaisir**
(auch roter Bau)

1785–1786 durch Peter Reheis unter Verwendung einer bestehenden
Mühle erbaut.

146 Schloß Philippsburg

1782 begonnen, um 1788 vollendet, 1793 zerstört.
Das ursprüngliche Bauwerk ist ein bedeutsamer Beleg für das Aufkommen neugotischer Baugedanken im ausgehenden 18. Jahrhundert.

147 Annahof
(auch runder Bau)

Um 1788 durch Simon Glattfelder erbaut.

Kirkel

148 Burgruine

Im Jahre 1075 im Besitz des Bliesgaugrafen, 1. Hälfte 15. und Ende 16. Jahrhundert, Baumeister Heinrich Pamiel und Bildhauer Thomas Falleysen.

Mittelstadt St. Ingbert

149 Pfarrkirche „St. Hildegard"

1929 konsekriert,

Architekt: Alfred Boßlet,
          Frankenthal

150 Marktplatzanlage
St. Ingbert, Am Marktplatz

Bauherr: Stadt St. Ingbert

Baujahr: 1968 – 1977

Architekten: Hanns Schönecker
            Norbert Köhl
            Erich Kreischer, St. Ingbert

Kultur- und Verwaltungszentrum mit Rathaus, Postamt, Feuerwehrzentrale, Sporthalle und Kulturhalle.

1. Preis im städtebaulichen Wettbewerb Hanns Schönecker 1968

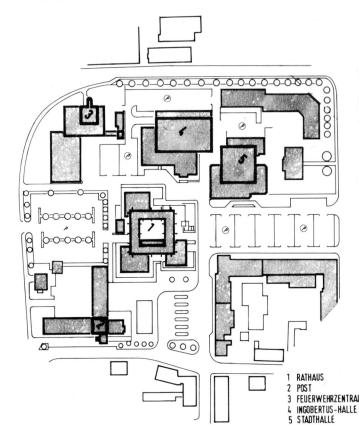

1 RATHAUS
2 POST
3 FEUERWEHRZENTRAL
4 INGOBERTUS-HALLE
5 STADTHALLE

Rathaus

Stadthalle mit Grundrissen

151 **Rischbachschule St. Ingbert**
St. Ingbert, Im Grubenstollen

Bauherr: Stadt St. Ingbert

Baujahr: 1972 – 1974

Architekt: Hanns Schönecker, St. Ingbert

1. Preis im Wettbewerb 1972

152 **Sonderschule G**
St. Ingbert, Schnapphahner Dell

Bauherr: Caritas e. V., Speyer

Baujahr: 1979

Architekt: Norbert Köhl, St. Ingbert

153 Turm der Becker-Brauerei

Wahrzeichen der
Stadt St. Ingbert

Baujahr: 1927

Architekt:
Hans Herkommer, Stuttgart

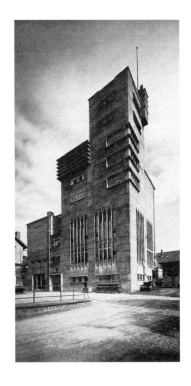

154 Wohnhaus mit Architekturbüro
St. Ingbert,
Josefstalerstraße 11

Bauherr:
Norbert Köhl, St. Ingbert

Baujahr: 1959–1960

Architekt:
Norbert Köhl, St. Ingbert

Mandelbachtal

Ortsteil Bebelsheim

155 Kirche und Turm

Rundturm der Kirche aus dem 12. Jahrhundert, Langhaus 1727 abgebrochen und an der Westseite des Turmes neu errichtet, Restaurierung in den Jahren 1947 – 1960.

Literatur: Saarheimat 1969, Heft 11

Ortsteil Erfweiler-Ehlingen

156 Kirche „St. Mauritius"

Rundturm der mittelalterlichen Kirche aus dem 12./13. Jahrhundert. Das Langhaus wurde 1904 durch einen neugotischen Bau ersetzt.

Literatur: Saarheimat 1969, Heft 11

Ortsteil Gräfinthal

157 Ruine eines Wilhelmitenklosters, Wallfahrtstätte

Gegründet 1253 von Gräfin Elisabeth von Blieskastel.
Barocke Hofanlage mit Taubenhaus
1809 Errichtung einer Kapelle, im 2. Weltkrieg zerstört, 1948 wieder aufgebaut.

Ortsteil Heckendalheim

158 Wohnhaus Hellenthal
Heckendalheim, „Im Steinbruch"

Bauherr: Eva und Josef Hellenthal, Mandelbachtal-Heckendalheim

Baujahr: 1967 – 1968

Architekt: Johann Peter Lüth, St. Ingbert

Architekturpreis des BDA 1969

Begründung der Jury:
Es ist dem Architekten gelungen, die mannigfaltigen Vorstellungen und Bedürfnisse einer vielköpfigen Familie in sehr differenzierter Weise zu erfüllen. Das mit wenigen Mitteln eindrucksvoll gestaltete Haus fügt sich hervorragend in die ländliche Situation und die topographischen Verhältnisse ein. Der lebendig gegliederte Raum spiegelt überzeugend das hervorragende Zusammenwirken von Bauherr und Architekt wider.

KREIS NEUNKIRCHEN

Kreisstadt Neunkirchen

159 Christus-Kirche
Neunkirchen, Unterer Markt – Stummstraße

Bauherr: Ev. Kirchengemeinde, Neunkirchen,
(Geschenk der Familie Stumm)

Baujahr: 1867–1869, Modernisierung des Turmes in den 30er Jahren
durch Heiliger. Nach Zerstörung im 2. Weltkrieg Umbau durch
Rudolf Krüger, Saarbrücken. Teilung in Kirche und Gemeindezentrum, 1980–1982 durch Elmar Krämer, Saarbrücken.

1. Preis im Wettbewerb

Architekt: Heinrich Wiethase 1833–1893, Köln

*Literatur: Weyres/Mann: Handbuch zur Rheinischen Baukunst bis
19. Jhdt.*

160 Katholische Kirche Herz Jesu
Neunkirchen, Ecke Mozartstraße, Kleist- und
Norduferstraße

Bauherr: Katholische Kirchengemeinde Herz Jesu, Neunkirchen

Baujahr: 1953–1954

Architekt: J. W. Stockhausen, Neunkirchen

Fenster: Albert Burkart, München

161 **Arbeitsamt Neunkirchen**
Neunkirchen, Ringstraße 1 – 5

Bauherr: Bundesanstalt für Arbeit in Nürnberg

Baujahr: 1976 – 1980

Architekt: Gerhard Freese, Saarbrücken

162 **Stadtbad**
Neunkirchen, Mantes-la-Ville-Platz

Bauherr: Stadt Neunkirchen

Baujahr: 1955 – 1961

Architekt: J. W. Stockhausen, Neunkirchen

1. Preis im Wettbewerb 1954.

163 Verwaltungsgebäude der Neunkircher Straßenbahn AG
Neunkirchen, Wellesweilerstraße

Bauherr: Neunkircher Straßenbahn AG, Neunkirchen

Baujahr: 1966

Architekt: Heinz Ruckert, Neunkirchen

164 Schwesternhaus und Kindergarten ▲
Neunkirchen, Norduferstraße

Bauherr: Katholische Kirchengemeinde Herz Jesu, Neunkirchen

Baujahr: 1931

Architekt: Ernst Brück, Neunkirchen

165 **Wohnanlage Schlesierweg**

Bauherr: Gemeinnützige Siedlungsgesellschaft mbH,
        Neunkirchen

Baujahr: 1971–1972

Architekten: Rudolf Birtel, Neunkirchen
           Albert Dietz, Saarbrücken,
           Bernhard Grothe, Saarbrücken
           Peter Lüth, St. Ingbert

◄

166 **Wohnhaus Brück**
Neunkirchen, Knappschaftsstraße

Bauherr: Architekt Ernst Brück

Baujahr: 1924/1925

Architekt: Ernst Brück, Neunkirchen

Teil eines von Brück 1924–1932 gestalteten Ensembles von Wohnhäusern

Stadtteil Hangard

167 Evangelische Kirche Hangard
Neunkirchen, Stadtteil Hangard, Am Altzberg

Bauherr: Evangelische Kirchengemeinde Wiebelskirchen

Baujahr: 1965–1967

Architekten: Günter Mönke
Hubert Wandel, Saarbrücken

Betonfenster: Ferdinand Selgrad, Spiesen-Elversberg

Stadtteil Furpach

168 Hofgut Furpach   ▶
Neunkirchen, Furpach, Limbacher Straße

Bauherr: Kreisstadt Neunkirchen

Baujahr: Im Kern 18. Jhdt., modernisiert 1821 bis
Mitte des 19. Jhdt. durch Familie Karcher. Renoviert 1975–1977

Architekt: Rudolf Birtel, Neunkirchen
Außenanlagen: Wolfgang Walter, Saarbrücken

Stadtteil Münchwies

169 Psychosomatische Fachklinik Münchwies
Neunkirchen, Stadtteil Münchwies

Bauherr: Gesellschaft für psychosomatische Therapie mbH,

Baujahr: 1976–1977

Architekten: Klaus Krüger
Lutz Rieger, Saarbrücken

Stadtteil Wellesweiler

170 Alte evangelische Kirche (Kapelle)

Baujahr: 1756

Architekt: Friedrich Joachim Stengel zugeschrieben

171 Junkerhaus, auch „altes Hofhaus" genannt
Neunkirchen-Wellesweiler, Eisenbahnstraße 18 und 21

Baujahr: 1550. Nach einem Brande 1686 in der
      1. H. 18. Jhdt. in der heutigen Form errichtet.

172 Katholische Kirche Wellesweiler
Neunkirchen-Wellesweiler

Bauherr: Katholische Kirchengemeinde Wellesweiler

Baujahr: 1963

Architekten: Albert Dietz
              Bernhard Grothe

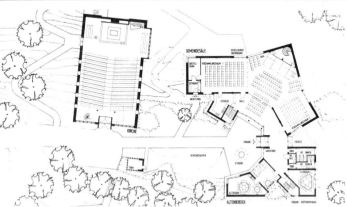

173 Evangelisches Gemeindezentrum Wellesweiler
Neunkirchen, Stadtteil Wellesweiler, In der Forrels

Bauherr: Evangelische Kirchengemeinde Wellesweiler

Baujahr: 1957 – 1960 / 1981

Architekten: Rudolf Krüger, Saarbrücken
              Klaus Krüger, Lutz Rieger

Kirchenfenster: Harry Mac Lean, Heidelberg

Eppelborn

Ortsteil Dirmingen

174 Evangelische Kirche Dirmingen

Bauherr: Evangelische Pfarrgemeinde Dirmingen

Baujahr: 1746

Romanischer Westturm, im 18. Jhdt. aufgestockt, Saalbau 1746, Empore 19. Jhdt., Altar und Chorerweiterung 1937 (Rudolf Krüger, Saarbrücken),

Neubau Kindergarten: Rupprecht C. Walz, Neunkirchen

Gemeindezentrum Günter Mönke, Hubert Wandel

Literatur:
Zimmermann, Ottweiler-Saarlouis, Saarheimat, 1973 Heft 11–12

175 Katholische Kirche Dirmingen

Bauherr: Katholische Kirchengemeinde Dirmingen

Baujahr: 1950

Architekt: Dominikus Böhm, Köln

Literatur:
Dominikus Böhm, München 1962, S. 426–28

Merchweiler

176 Katholische Pfarrkirche Maria Hilf
Merchweiler, Ortsteil Wemmetsweiler

Bauherr: Katholische Kirchengemeinde Wemmetsweiler

Baujahr: 1966 – 1967

Architekt: Rupprecht C. Walz, Neunkirchen

Betonglaswände:
Ferdinand Selgrad, Spiesen-Elversberg

Stadt Ottweiler

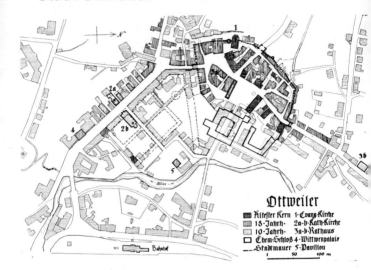

Ottweiler

- ⬛ Ältester Kern
- ▨ 18. Jahrh.
- ▢ 19. Jahrh.
- ☐ Chem. Schloß
- ----- Stadtmauer

1 · Evang. Kirche
2a-b · Kath. Kirche
3a-b · Rathaus
4 · Witwenpalais
5 · Pavillon

| 1 | 50 | 100 m |

Stadt Ottweiler, weitgehend unveränderter Stadtkern einer mittelalterlichen Kleinstadt mit Wehrturm aus dem 16. Jahrhundert, heute Kirchturm der evangelischen Pfarrkirche.

Literatur: Zimmermann, Ottweiler und Saarlouis

177 Evangelische Pfarrkirche
Ottweiler, Ortsmitte Tenschstraße

Ursprünge im 15. Jhdt., Turm aus der Stadtbefestigung des 16. Jhdts. Umbauten im 18. Jahrhundert. Neue Fenster von Meistermann, im Innern Wandgrabmal des Grafen Walrad † 1705.

178 Katholische Kirche Mariä Geburt
Ottweiler, Wilhelm-Heinrich-Straße 21

Neubau 1832–1834 nach Vorentwurf Schinkels von Kreisbaumeister Leonhard, Saarbrücken geplant. 1898 Anbau des Chores, 1970 Renovierung durch Architekt Rudolf Birtel, Neunkirchen.

179 Witwenpalais ▶
Ottweiler, Wilhelm-Heinrich-Straße 36

Um 1760 nach Plänen von Friedrich Joachim Stengel erbaut. Anbauten vor dem 2. Weltkrieg.

180 Pavillon im ehemaligen Herrengarten
Ottweiler, Herrengarten

1758–1759 von Joachim Friedrich Stengel als Gartenhaus erbaut, heute Stadtbücherei

181 **Altes Rathaus Ottweiler**
Ottweiler, Rathausplatz

Baujahr: Kern mittelalterlich, Aufstockung im 18. Jhdt.
Umbau Mitte des 19. Jhdt. Renovierung 1975–1976

Architekt: Renovierung Rudolf Birtel, Neunkirchen

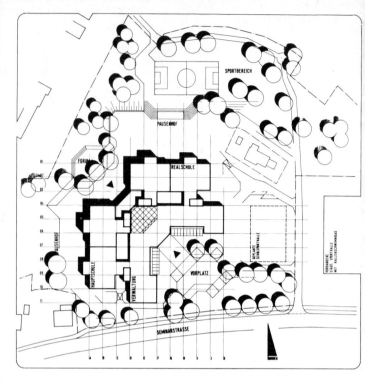

182 **Haupt- und Realschule Ottweiler**
Ottweiler, Seminarstraße

Bauherr: Stadt Ottweiler und Landkreis Neunkirchen

Baujahr: 1980/82

Architekt: Gruppe Neun   Rudolf Birtel, Ernst Schaefer, Neunkirchen

Außenanlage: Glaser und Steffen, Homburg

183 **Kindertagesstätte** ▶
Ottweiler, Schwalbenweg

Bauherr: Stadt Ottweiler

Baujahr: 1972–1973

Architekt: Hans Georg Wobido, München

1. Preis im Wettbewerb   Architekturpreis des BDA 1973

Beurteilung der Jury:

„Trotz des relativ funktional ausgelegten Grundrisses zeigt der Bau besondere räumliche Qualitäten. Die Maßstäbe sind auf die Kinder bezogen, denen das Gebäude dient. Es stellt sich so eine freundliche und offene Atmosphäre ein, auch ohne mehr oder minder modisches, kindlich sein sollendes Design: Ein Haus für Kinder ohne Albernheiten, aber auch ohne bauliche Gewalttat. Hervorzuheben ist, daß der Bauauftrag auf einen Wettbewerbserfolg zurückgeht."

184 **Friedhofshalle Steinbach**
Ottweiler, Stadtteil Steinbach

Bauherr: Gemeinde Steinbach

Baujahr: 1970

Architekt: Erwin Johann, St. Wendel

Schiffweiler

Ortsteil Heiligenwald

185 Maschinenhaus und Förderturm

Schachtanlage
Grube Itzenplitz

Bauherr: Preußische
Bergverwaltung

Frühe Industriearchitektur in
romanischen Bauformen
mit Blendsteinen.

Literatur:
Slotta, Förderturm und Bergmannshaus, Saarbrücken 1979;
ders., Technische Denkmäler im Saarland;
24. Bericht der Staatlichen Denkmalpflege im Saarland 1977.

Spiesen-Elversberg

186 „Glück-Auf-Halle"
Spiesen-Elversberg, St. Ingberter Straße

Bauherr: Gemeinde Spiesen-Elversberg

Baujahr: 1973–1975

Architekten: Norbert Köhl, St. Ingbert
　　　　　　 Richard Malter, Spiesen-Elversberg

Kunst: Ferdinand Selgrad, Spiesen-Elversberg

KREIS ST. WENDEL

Kreisstadt St. Wendel

187 Katholische Pfarr- und Wallfahrtskirche St. Wendalinus
St. Wendel, Am Fruchtmarkt

Baujahr: Chor Mitte 14. Jhdt.
Westturm um 1400, mit Haube aus 1753
Das Langhaus um 1450
Renovierung 1980/81

Architekt: Peter van Stipelen, Trier

188 Ehemaliges Schulhaus – Magdalenen-Kapelle

Reste der gotischen Magdalenen-Kapelle aus der Zeit vor dem Bau der Wallfahrtskirche. Restaurierung 1981 durch Hanns Schönecker.

Literatur: Saarheimat, 1980, Heft 5

189 Evangelische Pfarrkirche
St. Wendel, Wendalinusstraße

Baujahr: 1844 – 1845, Turm 1864

190 Heilig Geist-Kirche St. Wendel
Filialkirche
St. Wendel, Tholeyer Berg

Bauherr: Katholische Kirchengemeinde St. Anna,

Baujahr: 1966–1967

Architekt: Hanns Schönecker

191 Hospitalkirche und Angestelltenwohnheim
Nähe Wendalinus-Basilika

Bauherr: Hospital St. Wendel, St. Wendel/Saar

Baujahr: 1968

Architekt: Hanns Schönecker, St. Ingbert

Wandflächengestaltung Max Mertz, Saarbrücken.

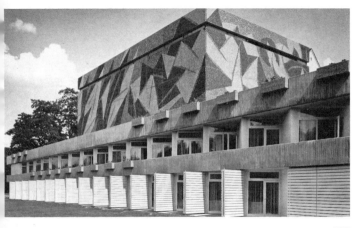

192 **Schloß**
St. Wendel, Schloßstraße 7

Bauherr: Herzog Ernst II. von Sachsen-Coburg-Gotha und Lichtenberg

Baujahr: 1827

Ehemalige Residenz der „Coburger", heute Rathaus.

Um den Dom in der Balduinstraße und am Fruchtmarkt Bürgerhäuser aus dem 18. Jhdt.

193 **„Altes Rathaus"**
Heimatmuseum
St. Wendel, Am Fruchtmarkt

Bauherr: Stadt St. Wendel

Baujahr: 1803

Architekt: Friedrich Gerhard Wahl, Pfalz-zweibrückischer Baudirektor

194 **Saalbau**
St. Wendel, Balduinstraße

Bauherr: Stadt St. Wendel

Baujahr: 1958 – 1960

Architekt: Norbert Köhl, St. Ingbert

▼

195 **Postamt St. Wendel mit Dienstwohngebäude**
St. Wendel, Ecke Mommstraße/Bahnhofstraße

Bauherr: Deutsche Bundespost, Oberpostdirektion Saarbrücken

Baujahr: 1971–1975

Architekten: Klaus Löffler, Felix Weber, Hochbaureferat

196 **Technisch-gewerbliches Berufsbildungszentrum**
St. Wendel,
Werschweilerstraße 4

Bauherr: Landkreis St. Wendel

Baujahr: 1973–1975

Architekt: Jürgen Lay,
Mainz-Laubenheim

Wettbewerb

197 **Internationales Steinbildhauer-Symposion**
An der Landstraße zwischen St. Wendel und
Baltersweiler

Bauherr: Verein Internationales Steinbildhauer-Symposion St. Wendel

Baujahr: 1971–1972

Teilnehmer: Bildhauer aus Israel, Japan, Polen, Rumänien, Österreich,
USA und der Bundesrepublik

Literatur:
Internationales Steinbildhauer-Symposion, St. Wendel 1971/72

Nohfelden

**198 Caritasheimstätte „Haus am See",
Neunkirchen/Nahe**

Bauherr: Caritasverband für Saarbrücken und Umgebung e. V.,
Saarbrücken

Baujahr: 1971–1974

Architekt: Gerhard Schuh, Saarbrücken

199 Schulzentrum Türkismühle
Nohfelden, Söterner Straße

Bauherr: Schulzweckverband Türkismühle –
Gemeinde Nohfelden

Baujahr: 1971–1972

Architekt: Hanns Schönecker, St. Ingbert

Ortsteil Braunshausen

200 Eisenwerk Mariahütte

Werkhallen einer in der ersten Hälfte des 18. Jhdts entstandenen Eisenhütte, Kapelle im Park aus 1836

Tholey

201 Benediktinerkloster- und katholische Pfarrkirche St. Mauritius

Baujahr: Mitte 13. bis Anfang 14. Jhdt. Turmhaube 1740.
Restauriert 1903–1909, 1957–1964 und 1981

Das Kloster wird 1793 nach Zerstörung und Plünderung aufgehoben, die Abteikirche ab 1806 Pfarrkirche. 1949 wird die Benediktinerabtei wieder eingerichtet. Renovierung und Neubauten.

Architekten: Klaus Krüger
Lutz Rieger, Saarbrücken

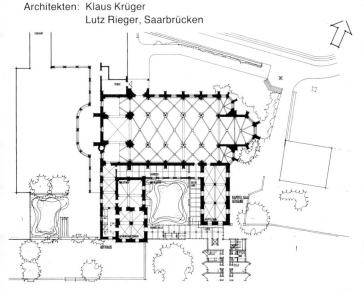

ANHANG

Bund Deutscher Architekten BDA
Landesverband Saarland e. V.

Vorsitzender:	Dipl.-Ing. Günter Follmar Altneugasse 15, 6600 Saarbrücken 1
stellvertr. Vorsitzender:	Dipl.-Ing. Klaus Krüger Reppersbergstr. 37, 6600 Saarbrücken 1
Beisitzer:	Dipl.-Ing. Peter Gergen Dieselstr., 6638 Dillingen Rolf F. Kiefer Perler Str. 16, 6640 Merzig 6 Norbert Köhl Josefstalerstr. 11, 6670 St. Ingbert
Verwaltung:	Gneisenaustr. 3, 6600 Saarbrücken 6 T. (0681) 5 60 11 + 12
Geschäftsführer:	Prof. Dipl.-Ing. Bernhard Focht Gneisenaustr. 3, 6600 Saarbrücken 6

Dillingen

Baldauf
Kurt
Werderstr. 87
6638 Dillingen
T. (06831) 7 11 68

Breidt
Berthold
Dürener Str. 7
6638 Dillingen
T. (06831) 7 73 42

Gergen
Peter
Dipl.-Ing.
Dieselstr. 271
6638 Dillingen
T. (06831) 7 22 11

Maass
Wolfgang
Dürener Str. 5
6638 Dillingen
T. (06831) 7 24 69

Schmitz
Konny
Dipl.-Ing.
Merziger Str. 68
6638 Dillingen
T. (06831) 76 11

Homburg

Wolfart
Ludwig
St.-Michael-Str. 23
6650 Homburg
T. (06841) 21 18

Merzig

Kiefer
Rolf F.
Perler Str. 16
6640 Merzig 6
T. (06869) 311

Kühnen
Kurt
Dipl.-Ing.
Lindenstr. 15
6640 Merzig
T. (06861) 58 24

Neunkirchen

Birtel
Rudolf
Dipl.-Ing.
Taubenaustr. 12
6680 Neunkirchen
T. (06821) 2 50 44

Ruckert
Heinz
Im Fichtenwald 27
6680 Neunkirchen
T. (06821) 23 1 28

Saarbrücken

Focht
Bernhard
Prof.
Dipl.-Ing.
Gneisenaustr. 3
6600 Saarbrücken 6
T. (0681) 5 60 11
+ 12

Follmar
Günter
Dipl.-Ing.
Altneugasse 15
6600 Saarbrücken 1
T. (0681) 5 79 54

Freese
Gerhard
Dipl.-Ing.
Kohlweg 37
6600 Saarbrücken 3
T. (0681) 3 44 07

Krüger
Klaus
Dipl.-Ing.
Reppersbergstr. 37
6600 Saarbrücken 1
T. (0681) 5 60 97

Kugelmann Kaiserslauterner
Tibor Str. 63
Dipl.-Ing. 6600 Saarbrücken 3
T. (0681) 68082

Rieger Auf dem
Karl-Ludwig Kohlberg 16
Dipl.-Ing. 6601 Scheidt
T. (0681) 56098

Schrempf Westpreußenring 19
Walter 6600 Saarbrücken 3
Dipl.-Ing. T. (0681) 812131

Schuh Pater-Delp-Str. 66
Gerhard 6600 Saarbrücken 3
Dipl.-Ing. T. (0681) 818575

Steinhauer Lilienstr. 13
Willi 6600 Saarbrücken 1
T. (0681) 56521

Strehl Weinbergweg 66
Paul 6600 Saarbrücken 6
T. (0681) 851005

Kluftinger Nußbaumstr. 62
Thomas 6601 Saarbrücken-
Dipl.-Ing. Schafbrücke
T. (0681) 813130

Kreutzer Waldstr. 13
Helmut 6601 Saarbrücken-
Dipl.-Ing. Schafbrücke
T. (0681) 894975

Scherer Am Steinbruch 24
Elmar 6602 Saarbrücken-
Dudweiler
T. (06897) 72042

Saarlouis

Ernst Primsstr. 49
Wolfgang 6630 Saarlouis
T. (06831) 49878

Hanus Kavalleriestr. 18
Karl 6630 Saarlouis
Dr.-Ing. T. (06831) 2503

Hoffmann Graf-Werder-Str. 3
Klaus 6630 Saarlouis
T. (06831) 2201

Porn Eulenweg 7
Hans 6630 Saarlouis
T. (06831) 40311

Vanghel Wallerfanger Str. 18
Hermann 6630 Saarlouis
T. (06831) 40157

Ziegert Titzstr. 5
Kurt 6630 Saarlouis
T. (06831) 3526

Sulzbach

Binger Goldene-Au-Str. 12
Manfred 6603 Sulzbach
T. (06897) 4065

Schaus Goldene-Au-Str. 12
Manfred 6603 Sulzbach
T. (06897) 4065

St. Ingbert

Köhl Josefstalerstr. 11
Norbert 6670 St. Ingbert
T. (06894) 4680

Schönecker Saarbrücker Str. 2
Hanns 6670 St. Ingbert
Dipl.-Ing. T. (06894) 2467
+ 4619

Waldbott Kaiserstr. 70
Josef von 6670 St. Ingbert
T. (06894) 4367

St. Wendel

Johann St.-Annen-Str. 7
Erwin 6690 St. Wendel
T. (06851) 2860

Pfeiffer Heideweg 2
Jürgen 6690 St. Wendel
Dipl.-Ing. T. (06851) 7110

Völklingen

Wiesen Tannenweg 5
Willi 6620 Völklingen
Dipl.-Ing. T. (06898) 21313

Außerordentliche Mitglieder:

Lüth Poststr. 9
J. Peter 6670 St. Ingbert
Dipl.-Ing. T. (06894) 4564

Peitz Am Wiesenhang 7
Alois 5501 Mertesdorf
Dipl.-Ing.
Diözesan-
architekt

Stand: 31. 12. 1981

Verzeichnis Architekten und Künstler

Verzeichnis der Bauten nach Kategorien

Literatur:

Caspary–Götz–Klinge, *Handbuch der deutschen Kunstdenkmäler: Rheinland-Pfalz, Saar, München 1972 (zit. Dehio)*

Deutsche Kunstdenkmäler – Ein Bildhandbuch, Rheinland-Pfalz, Saar. Hrsg. von Reinhardt Hootz, München 1969 (zit. Hootz)

Walther Zimmermann, Die Kunstdenkmäler der Kreise Ottweiler und Saarlouis, Düsseldorf 1934, Nachdruck Saarbrücken 1976

ders., Die Kunstdenkmäler der Stadt und des Landkreises Saarbrücken, Düsseldorf 1932, Nachdruck Saarbrücken 1975

Das Saarlandbuch, Herausgeber Dieter Staerk, Saarbrücken 1981

Saarheimat, Zeitschrift für Kultur, Landschaft, Volkstum, Saarbrücken 1957 folg., ab Juni 1981 Neue Saarheimat

Saarbrücker Hefte, Herausgegeben vom Kulturamt der Stadt Saarbrücken, Saarbrücken 1955 folg.

Berichte der Staatlichen Denkmalpflege, Saarbrücken 1953 folg.

Bildnachweis

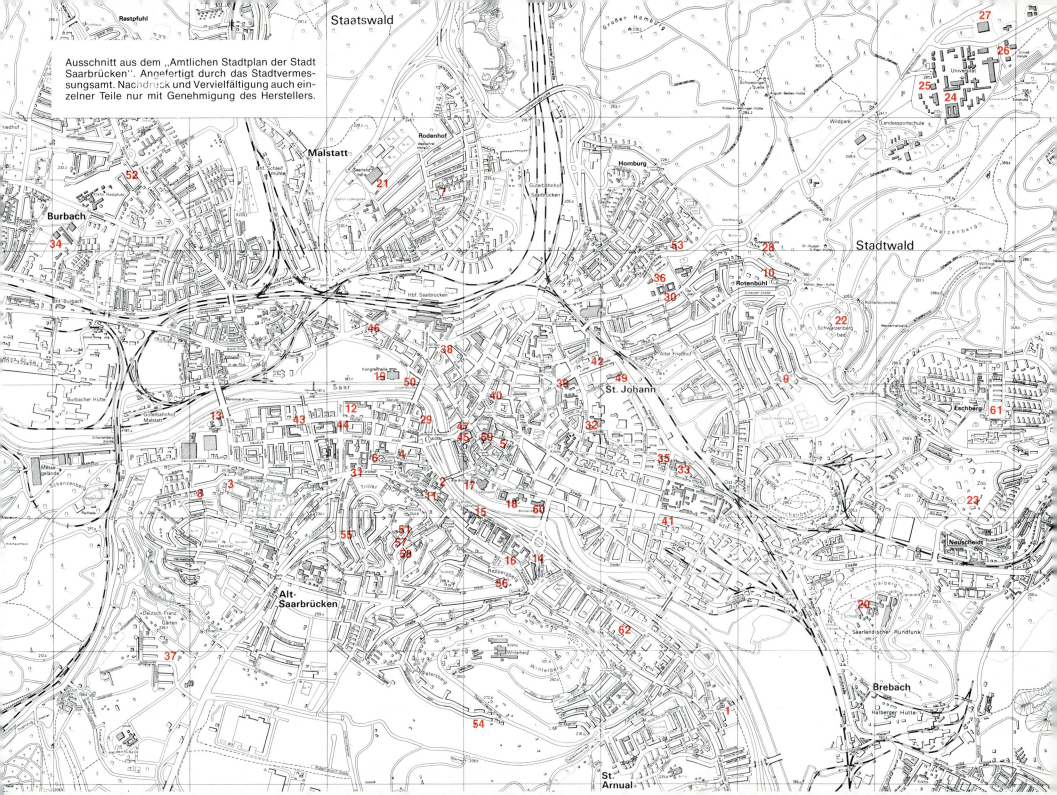

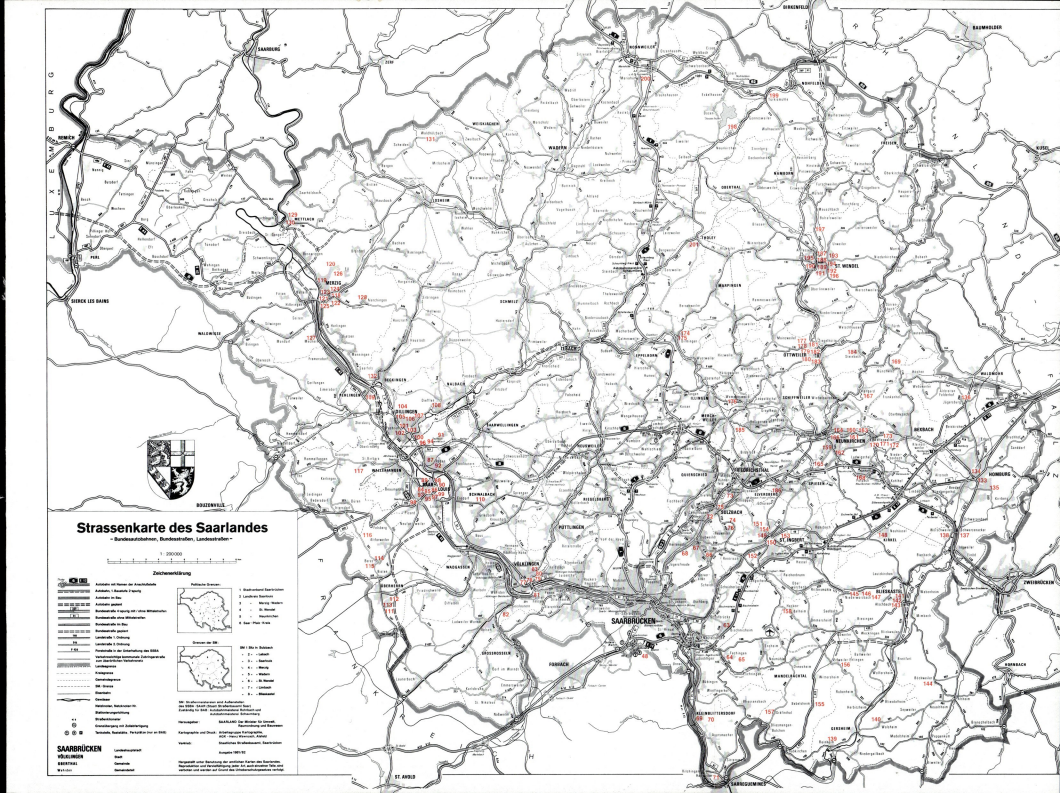